大方廣佛華嚴經　讀誦

46

🪷 일러두기

1. 『독송본 한문·한글역 대방광불화엄경』은 실차난타가 한역(695~699)한 80권 『대방광불화엄경』의 한문 원문과 한글역을 함께 수록한 것이다. 한문에는 음사와 현토를 부기하였다.

2. 원문의 저본은 고종 2년(1865) 월정사에서 인경한 고려대장경 『대방광불화엄경』에 한암 스님이 현토(1949년)한 것을 범룡 스님이 영인 출판(1990년)한 『대방광불화엄경』이다.

3. 한문은 저본에서 누락되었거나 글자가 다르다고 판단된 부분은 저본인 고려대장경 각권의 말미에 교감되어 있는 내용을 중심으로 하고 봉은사판 『대방광불화엄경수소연의초』와 신수대장경 각주에서 밝힌 교감본을 참조하여 보입하고 수정하였다.

4. 한글 번역은 동국역경원에서 발간한 한글 『대방광불화엄경』(운허)을 중심으로 하고 『신화엄경합론』(탄허)과 『대방광불화엄경 강설』(여천무비) 그리고 최근의 여타 번역본 등을 참조하였다.

5. 저본의 원문에서 이체자의 경우 혼글이 제공하는 이체자는 그대로 살리고 혼글이 제공하지 않는 글자는 통용되는 정자로 바꾸었다. 예) 間 → 閒 / 焔 → 燄 / 宮 → 宮 / 偁 → 稱

6. 한글 번역은 독송과 사경을 위하여 정확성과 아울러 가독성을 고려하였다. 극존칭은 부처님과 불경계에 대해서만 사용하였다.

7. 독송본의 차례는 일러두기 → 본문 → 화엄경 목차 → 간행사의 순차이다.
   (법공양판에는 간행사 다음에 간행불사 동참자를 밝혀 두었다.)

8. 독송본의 한글역은 사경의 편의를 도모하기 위해 그 편집을 달리하여 『사경본 한글역 대방광불화엄경』으로 함께 간행한다. 독송본과 사경본 모두 80권 『대방광불화엄경』의 권별 목차 순으로 간행한다.

독송본 한문·한글역

대방광불화엄경 제46권
大方廣佛華嚴經 卷第四十六

33. 불부사의법품 [1]
佛不思議法品 第三十三之一

실차난타 한역
수미해주 한글역

大方廣佛華嚴經第四十六卷變相 周

佛不思議法品第三十三

대방광불화엄경 제46권 변상도

대방광불화엄경
제46권

33. 불부사의법품 [1]

대방광불화엄경 권제사십육
大方廣佛華嚴經　卷第四十六

불부사의법품　제삼십삼지일
佛不思議法品　第三十三之一

이시대회중　유제보살　작시념
爾時大會中에 **有諸菩薩**이 **作是念**하니라

제불국토　운하부사의　제불본원　운하부
諸佛國土가 **云何不思議**며 **諸佛本願**이 **云何不**

사의　제불종성　운하부사의　제불출현
思議며 **諸佛種性**이 **云何不思議**며 **諸佛出現**이

운하부사의　제불신　운하부사의　제불음
云何不思議며 **諸佛身**이 **云何不思議**며 **諸佛音**

대방광불화엄경 제46권

33. 불부사의법품 [1]

그때에 큰 모임 가운데 있는 모든 보살들이 이 생각을 하였다.

'모든 부처님의 국토는 어찌하여 부사의하며, 모든 부처님의 본래 서원은 어찌하여 부사의하며, 모든 부처님의 종성은 어찌하여 부사의하며, 모든 부처님의 출현하심은 어찌하여 부

사의한가.'

성 운하부사의 제불지혜 운하부사의
聲이 云何不思議며 諸佛智慧가 云何不思議며

제불자재 운하부사의 제불무애 운하부
諸佛自在가 云何不思議며 諸佛無礙가 云何不

사의 제불해탈 운하부사의
思議며 諸佛解脫이 云何不思議오

이시 세존 지제보살심지소념 즉이
爾時에 世尊이 知諸菩薩心之所念하시고 則以

신력가지 지혜섭수 광명조요 위
神力加持하사대 智慧攝受하며 光明照曜하며 威

세충만 영청련화장보살 주불무외
勢充滿하사 令靑蓮華藏菩薩로 住佛無畏하며

사의하며, 모든 부처님의 몸은 어찌하여 부사

의하며, 모든 부처님의 음성은 어찌하여 부사

의하며, 모든 부처님의 지혜는 어찌하여 부사

의하며, 모든 부처님의 자재하심은 어찌하여

부사의하며, 모든 부처님의 걸림 없음은 어찌

하여 부사의하며, 모든 부처님의 해탈은 어찌

하여 부사의한가?'

그때에 세존께서 모든 보살들의 마음에 생각

하는 바를 아시고 곧 위신력으로 가지하시되 지

혜로 섭수하며, 광명으로 밝게 비추며, 위세가

입불법계　　　　획불위덕　　　　신통자재　　　　득불
入佛法界하며 獲佛威德하며 神通自在하며 得佛

무애　　　　광대관찰　　　　지일체불종성차제
無礙하며 廣大觀察하며 知一切佛種性次第하며

주불가설불법방편
住不可說佛法方便케하시니라

이시　　　청련화장보살　　　즉능통달무애법계
爾時에 靑蓮華藏菩薩이 則能通達無礙法界하며

즉능안주이장심행　　　　즉능성만보현대원
則能安住離障深行하며 則能成滿普賢大願하며

즉능지견일체불법　　　이대비심　　　관찰중
則能知見一切佛法하며 以大悲心으로 觀察衆

충만하시어, 청련화장 보살로 하여금 부처님의 두려움 없는 데 머무르며, 부처님의 법계에 들어가며, 부처님의 위덕을 얻으며, 신통이 자재하며, 부처님의 걸림 없고 광대한 관찰을 얻으며, 일체 부처님 종성의 차례를 알며, 말할 수 없는 부처님 법의 방편에 머무르게 하시었다.

그때에 청련화장 보살이 곧 능히 걸림 없는 법계를 통달하며, 곧 능히 장애를 여읜 깊은 행에 편안히 머무르며, 곧 능히 보현의 큰 원을 원만히 이루며, 곧 능히 일체 부처님의 법을 알

생　　욕령청정　　정근수습　　무유염태
生하야 欲令淸淨하며 精勤修習하야 無有厭怠하며

수행일체제보살법　　어일념중　　출생불지
受行一切諸菩薩法하며 於一念中에 出生佛智하며

해료일체무진지문　　총지변재　　개실구
解了一切無盡智門하며 總持辯才가 皆悉具

족
足하시니라

승불신력　　고연화장보살언
承佛神力하야 告蓮華藏菩薩言하시니라

불자　제불세존　유무량주　　소위상주
佛子야 諸佛世尊이 有無量住하시니 所謂常住

고 보며, 대비의 마음으로 중생을 관찰하여 청정케 하려 하며, 부지런히 닦아 익히어 싫어하거나 게으르지 않으며, 일체 모든 보살들의 법을 받아 행하며, 한 생각 동안에 부처님의 지혜를 내어 일체 다함없는 지혜의 문을 분명히 알며, 총지와 변재를 모두 다 구족하였다.

부처님의 위신력을 받들어 연화장 보살에게 말하였다.

"불자여, 모든 부처님 세존께는 한량없는 머무르심이 있으니, 이른바 항상 대비에 머무르

대비　　주종종신작제불사　　주평등의전
大悲하며 **住種種身作諸佛事**하며 **住平等意轉**

정법륜　　주사변재설무량법　　주부사의
淨法輪하며 **住四辯才說無量法**하며 **住不思議**

일체불법
一切佛法하나라

주청정음변무량토　　주불가설심심법계
住淸淨音徧無量土하며 **住不可說甚深法界**하며

주현일체최승신통　　주능개시무유장애구
住現一切最勝神通하며 **住能開示無有障礙究**

경지법
竟之法하나라

불자　제불세존　유십종법보변무량무변
佛子야 **諸佛世尊**이 **有十種法普徧無量無邊**

며, 갖가지 몸으로 모든 불사를 짓는 데 머무르며, 평등한 뜻으로 청정한 법륜을 굴리는 데 머무르며, 네 가지 변재로 한량없는 법을 설하는 데 머무르며, 부사의한 일체 부처님 법에 머무르신다.

청정한 음성으로 한량없는 국토에 두루하는 데 머무르며, 말할 수 없는 매우 깊은 법계에 머무르며, 일체 가장 수승한 신통을 나타내는 데 머무르며, 장애가 없는 구경의 법을 능히 열어 보이는 데 머무르신다.

불자여, 모든 부처님 세존께는 열 가지 법이

법계　　　하등　위십
法界하시니 何等이 爲十고

소위일체제불　유무변제신　색상청정
所謂一切諸佛이 有無邊際身하사 色相淸淨하야

보입제취　　이무염착
普入諸趣호대 而無染著하니라

일체제불　유무변제무장애안　어일체
一切諸佛이 有無邊際無障礙眼하사 於一切

법　실능명견．일체제불　유무변제무장
法에 悉能明見하며 一切諸佛이 有無邊際無障

애이　　실능해료일체음성
礙耳하사 悉能解了一切音聲하니라

일체제불　유무변제비　능도제불자재피
一切諸佛이 有無邊際鼻하사 能到諸佛自在彼

안　일체제불　유광장설　출묘음성
岸하며 一切諸佛이 有廣長舌하며 出妙音聲하야

있어 한량없고 가없는 법계에 널리 두루하시
니, 무엇이 열인가?

이른바 일체 모든 부처님께서 끝없는 몸이
있어서 색상이 청정하여 모든 갈래에 널리 들
어가되 물들어 집착함이 없으시다.

일체 모든 부처님께서 끝없고 장애가 없는
눈이 있어서 일체 법을 모두 능히 분명하게 보
시며, 일체 모든 부처님께서 끝없고 장애가 없
는 귀가 있어서 일체 음성을 모두 능히 분명하
게 아신다.

일체 모든 부처님께서 끝없는 코가 있어서
모든 부처님의 자재한 피안에 능히 이르시며,

주변법계
周徧法界하니라

일체제불　유무변제신　응중생심　　함
一切諸佛이 **有無邊際身**하사 **應衆生心**하야 **咸**

령득견　　일체제불　유무변제의　　주어
令得見케하며 **一切諸佛**이 **有無邊際意**하사 **住於**

무애평등법신
無礙平等法身하니라

일체제불　유무변제무애해탈　　시현무진
一切諸佛이 **有無邊際無礙解脫**하사 **示現無盡**

대신통력　　일체제불　유무변제청정세
大神通力하며 **一切諸佛**이 **有無邊際淸淨世**

계　　수중생락　　현중불토　　구족무량종
界하사 **隨衆生樂**하야 **現衆佛土**하사 **具足無量種**

종장엄　　이어기중　　불생염착
種莊嚴호대 **而於其中**에 **不生染著**하니라

일체 모든 부처님께서 넓고 긴 혀가 있어서 미묘한 음성을 내어 법계에 두루하신다.

일체 모든 부처님께서 끝없는 몸이 있어서 중생들의 마음에 응하여 다 볼 수 있게 하시며, 일체 모든 부처님께서 끝없는 뜻이 있어서 걸림 없이 평등한 법신에 머무르신다.

일체 모든 부처님께서 끝없고 걸림 없는 해탈이 있어서 다함없는 큰 신통의 힘을 나타내 보이시며, 일체 모든 부처님께서 끝없이 청정한 세계가 있어서 중생들의 좋아함을 따라 온갖 불국토를 나타내어 한량없는 갖가지 장엄을 구족하되 그 가운데 물들어 집착함을 내지

일체제불　유무변제보살행원　득원만
一切諸佛이 有無邊際菩薩行願하사 得圓滿

지　유희자재　실능통달일체불법
智하야 遊戲自在하사 悉能通達一切佛法이니라

불자　시위여래응정등각　보변법계무변
佛子야 是爲如來應正等覺의 普徧法界無邊

제십종불법
際十種佛法이니라

불자　제불세존　유십종염념출생지
佛子야 諸佛世尊이 有十種念念出生智하시니

하등　위십
何等이 爲十고

아니하신다.

일체 모든 부처님께서 끝없는 보살의 행원이 있어서 원만한 지혜를 얻고 자재하게 유희하여 일체 부처님의 법을 다 능히 통달하신다.

불자여, 이것이 여래 응정등각께서 법계에 널리 두루하시는 끝없는 열 가지 부처님의 법이다.

불자여, 모든 부처님 세존께는 생각생각에 나타내 보이시는 열 가지 지혜가 있으니, 무엇이 열인가?

이른바 일체 모든 부처님께서 한 생각 동안

소위일체제불　어일념중　실능시현무량
所謂一切諸佛이 於一念中에 悉能示現無量

세계　종천래하　일체제불　어일념중
世界에 從天來下하며 一切諸佛이 於一念中에

실능시현무량세계　보살수생
悉能示現無量世界에 菩薩受生하나라

일체제불　어일념중　실능시현무량세계
一切諸佛이 於一念中에 悉能示現無量世界에

출가학도　일체제불　어일념중　실능시
出家學道하며 一切諸佛이 於一念中에 悉能示

현무량세계보리수하　성등정각
現無量世界菩提樹下에 成等正覺하나라

일체제불　어일념중　실능시현무량세계
一切諸佛이 於一念中에 悉能示現無量世界에

전묘법륜
轉妙法輪하나라

에 한량없는 세계에서 하늘로부터 내려옴을 다 능히 나타내 보이시며, 일체 모든 부처님께서 한 생각 동안에 한량없는 세계에서 보살의 태어남을 다 능히 나타내 보이신다.

일체 모든 부처님께서 한 생각 동안에 한량없는 세계에서 출가하여 도를 배움을 다 능히 나타내 보이시며, 일체 모든 부처님께서 한 생각 동안에 한량없는 세계의 보리수 아래에서 평등한 바른 깨달음을 이룸을 다 능히 나타내 보이신다.

일체 모든 부처님께서 한 생각 동안에 한량없는 세계에서 미묘한 법륜 굴림을 다 능히 나

일체제불　어일념중　실능시현무량세계
一切諸佛이 於一念中에 悉能示現無量世界에

교화중생　공양제불
敎化衆生하고 供養諸佛하니라

일체제불　어일념중　실능시현무량세계
一切諸佛이 於一念中에 悉能示現無量世界에

불가언설　종종불신
不可言說인 種種佛身하니라

일체제불　어일념중　실능시현무량세계
一切諸佛이 於一念中에 悉能示現無量世界에

종종장엄　무수장엄　여래자재일체지장
種種莊嚴과 無數莊嚴인 如來自在一切智藏하니라

일체제불　어일념중　실능시현무량세계
一切諸佛이 於一念中에 悉能示現無量世界에

무량무수청정중생
無量無數淸淨衆生하니라

타내 보이신다.

일체 모든 부처님께서 한 생각 동안에 한량 없는 세계에서 중생들을 교화하고 모든 부처님께 공양올림을 다 능히 나타내 보이신다.

일체 모든 부처님께서 한 생각 동안에 한량 없는 세계에서 말할 수 없는 갖가지 부처님 몸을 다 능히 나타내 보이신다.

일체 모든 부처님께서 한 생각 동안에 한량 없는 세계에서 갖가지 장엄과 수없는 장엄으로 여래의 자재하신 일체 지혜창고를 다 능히 나타내 보이신다.

일체 모든 부처님께서 한 생각 동안에 한량

일체제불　　어일념중　　실능시현무량세계
一切諸佛이 於一念中에 悉能示現無量世界에

삼세제불　　종종근성　　종종정진　　종종행
三世諸佛이 種種根性과 種種精進과 種種行

해　　어삼세중　　성등정각
解로 於三世中에 成等正覺이니라

시위십
是爲十이니라

불자　　제불세존　　유십종불실시　　　하등
佛子야 諸佛世尊이 有十種不失時하시니 何等이

위십
爲十고

소위일체제불　　성등정각불실시　　일체제
所謂一切諸佛이 成等正覺不失時와 一切諸

없는 세계의 한량없고 수없는 청정한 중생들을 다 능히 나타내 보이신다.

일체 모든 부처님께서 한 생각 동안에 한량없는 세계의 삼세 모든 부처님의 갖가지 근성과 갖가지 정진과 갖가지 행과 지혜로 삼세에서 평등한 바른 깨달음을 이룸을 다 능히 나타내 보이신다.

이것이 열이다.

불자여, 모든 부처님 세존께는 열 가지 때를 놓치지 아니하심이 있으니, 무엇이 열인가?

이른바 일체 모든 부처님께서 평등한 바른

불　성숙유연불실시
佛이 成熟有緣不失時니라

일체제불　수보살기불실시　일체제불　수
一切諸佛이 授菩薩記不失時와 一切諸佛이 隨

중생심　시현신력불실시
衆生心하야 示現神力不失時니라

일체제불　수중생해　시현불신불실시
一切諸佛이 隨衆生解하야 示現佛身不失時와

일체제불　주어대사불실시
一切諸佛이 住於大捨不失時니라

일체제불　입제취락불실시　일체제불　섭
一切諸佛이 入諸聚落不失時와 一切諸佛이 攝

제정신불실시
諸淨信不失時니라

일체제불　조악중생불실시　일체제불　현
一切諸佛이 調惡衆生不失時와 一切諸佛이 現

깨달음을 이루는 데 때를 놓치지 아니하시며, 일체 모든 부처님께서 인연 있는 이를 성숙케 하는 데 때를 놓치지 아니하신다.

일체 모든 부처님께서 보살에게 수기를 주는 데 때를 놓치지 아니하시며, 일체 모든 부처님께서 중생의 마음을 따라 위신력을 나타내 보이는 데 때를 놓치지 아니하신다.

일체 모든 부처님께서 중생의 지해를 따라 부처님의 몸을 나타내 보이는 데 때를 놓치지 아니하시며, 일체 모든 부처님께서 크게 버리는 데 머무름에 때를 놓치지 아니하신다.

일체 모든 부처님께서 모든 마을에 들어가는

부사의제불신통불실시
不思議諸佛神通不失時니라

시위십
是爲十이니라

불자　　제불세존　　유십종무비부사의경
佛子야 **諸佛世尊**이 **有十種無比不思議境**

계　　　　하등　위십
界하시니 **何等**이 **爲十**고

소위일체제불　일가부좌　　변만시방무량
所謂一切諸佛이 **一跏趺坐**하야 **徧滿十方無量**

세계　　일체제불　설일의구　　실능개시
世界하며 **一切諸佛**이 **說一義句**하야 **悉能開示**

데 때를 놓치지 아니하시며, 일체 모든 부처님께서 모든 깨끗한 신심을 거두어 주는 데 때를 놓치지 아니하신다.

일체 모든 부처님께서 악한 중생들을 조복하는 데 때를 놓치지 아니하시며, 일체 모든 부처님께서 부사의한 모든 부처님 신통을 나타내는 데 때를 놓치지 아니하신다.

이것이 열이다.

불자여, 모든 부처님 세존께는 열 가지 견줄 수 없고 부사의한 경계가 있으니, 무엇이 열인가?

일체불법
一切佛法하니라

일체제불　　방일광명　　실능변조일체세
一切諸佛이　放一光明하야　悉能徧照一切世

계　　　일체제불　　어일신중　　실능시현일체
界하며　一切諸佛이　於一身中에　悉能示現一切

제신
諸身하니라

일체제불　　어일처중　　실능시현일체세계
一切諸佛이　於一處中에　悉能示現一切世界하며

일체제불　　어일지중　　실능결료일체제법
一切諸佛이　於一智中에　悉能決了一切諸法호대

무소가애
無所罣礙하니라

일체제불　　어일념중　　실능변왕시방세계
一切諸佛이　於一念中에　悉能徧往十方世界하며

이른바 일체 모든 부처님께서 한 번 가부좌하여 시방의 한량없는 세계에 두루 가득하시며, 일체 모든 부처님께서 한 구절의 뜻을 설하여 일체 부처님의 법을 다 능히 열어 보이신다.

일체 모든 부처님께서 한 광명을 놓아서 일체 세계를 모두 능히 두루 비추시며, 일체 모든 부처님께서 한 몸 가운데 일체 모든 몸을 다 능히 나타내 보이신다.

일체 모든 부처님께서 한 곳에서 일체 세계를 다 능히 나타내 보이시며, 일체 모든 부처님께서 한 지혜로 일체 모든 법을 모두 능히 분명하게 알아서 걸리는 바가 없으시다.

일체제불　　어일념중　　실현여래무량위
一切諸佛이 於一念中에 悉現如來無量威

덕
德하니라

일체제불　　어일념중　　보연삼세불　급중
一切諸佛이 於一念中에 普緣三世佛과 及衆

생　　심무잡란　　일체제불　　어일념중　여
生호대 心無雜亂하며 一切諸佛이 於一念中에 與

거래금일체제불　체동무이
去來今一切諸佛로 體同無二니라

시위십
是爲十이니라

불자　제불세존　능출생십종지　　하자
佛子야 諸佛世尊이 能出生十種智하시니 何者가

일체 모든 부처님께서 한 생각 동안에 시방 세계에 다 능히 두루 나아가시며, 일체 모든 부처님께서 한 생각 동안에 여래의 한량없는 위덕을 다 나타내신다.

일체 모든 부처님께서 한 생각 동안에 삼세의 부처님과 중생들을 널리 반연하되 마음이 어지럽지 아니하시며, 일체 모든 부처님께서 한 생각 동안에 과거와 미래와 현재의 일체 모든 부처님과 더불어 체성이 같아서 둘이 없으시다.

이것이 열이다.

불자여, 모든 부처님 세존께서 열 가지 지혜

위 십
爲十고

소위일체제불 지일체법무소취향 이능
所謂一切諸佛이 **知一切法無所趣向**이나 **而能**

출생회향원지 일체제불 지일체법개무
出生迴向願智하며 **一切諸佛**이 **知一切法皆無**

유신 이능출생청정신지
有身이나 **而能出生淸淨身智**하나라

일체제불 지일체법본래무이 이능출생
一切諸佛이 **知一切法本來無二**나 **而能出生**

능각오지 일체제불 지일체법무아무중
能覺悟智하며 **一切諸佛**이 **知一切法無我無衆**

생 이능출생조중생지
生이나 **而能出生調衆生智**하나라

일체제불 지일체법본래무상 이능출생
一切諸佛이 **知一切法本來無相**이나 **而能出生**

를 능히 출생하시니, 무엇이 열인가?

이른바 일체 모든 부처님께서 일체 법이 나아갈 바가 없음을 알지만 회향하는 서원의 지혜를 능히 출생하시며, 일체 모든 부처님께서 일체 법이 다 몸이 없음을 알지만 청정한 몸의 지혜를 능히 출생하신다.

일체 모든 부처님께서 일체 법이 본래 둘이 없음을 알지만 능히 깨닫는 지혜를 능히 출생하시며, 일체 모든 부처님께서 일체 법이 '나'도 없고 중생도 없음을 알지만 중생을 조복하는 지혜를 능히 출생하신다.

일체 모든 부처님께서 일체 법은 본래 모양이

요제상지　　일체제불　　지일체세계무유성
了諸相智하며 一切諸佛이 知一切世界無有成

괴　　이능출생요성괴지
壞나 而能出生了成壞智하나라

일체제불　　지일체법무유조작　　이능출생
一切諸佛이 知一切法無有造作이나 而能出生

지업과지　　　일체제불　　지일체법무유언
知業果智하며 一切諸佛이 知一切法無有言

설　　　이능출생요언설지
說이나 而能出生了言說智하나라

일체제불　　지일체법무유염정　　이능출생
一切諸佛이 知一切法無有染淨이나 而能出生

지염정지　　　일체제불　　지일체법무유생
知染淨智하며 一切諸佛이 知一切法無有生

멸　　　이능출생요생멸지
滅이나 而能出生了生滅智니라

없음을 알지만 모든 모양을 아는 지혜를 능히 출생하시며, 일체 모든 부처님께서 일체 세계가 이루어지고 무너짐이 없음을 알지만 이루어지고 무너짐을 아는 지혜를 능히 출생하신다.

일체 모든 부처님께서 일체 법은 조작됨이 없음을 알지만 업과 과보를 아는 지혜를 능히 출생하시며, 일체 모든 부처님께서 일체 법이 말로 설할 것 없음을 알지만 말을 아는 지혜를 능히 출생하신다.

일체 모든 부처님께서 일체 법이 물들고 깨끗함이 없음을 알지만 물들고 깨끗함을 아는

시 위 십
是爲十이니라

불자   제불세존   유십종보입법   하 등
佛子야 **諸佛世尊**이 **有十種普入法**하시니 **何等**이

위 십
爲十고

소위일체제불   유정묘신   보입삼세
所謂一切諸佛이 **有淨妙身**하사 **普入三世**하며

일체제불   개실구족삼종자재   보화중
一切諸佛이 **皆悉具足三種自在**하사 **普化衆**

생   일체제불   개실구족제다라니   보
生하며 **一切諸佛**이 **皆悉具足諸陀羅尼**하사 **普**

지혜를 능히 출생하시며, 일체 모든 부처님께
서 일체 법이 나고 멸함이 없음을 알지만 나
고 멸함을 아는 지혜를 능히 출생하신다.

이것이 열이다.

불자여, 모든 부처님 세존께는 열 가지 널리
들어가시는 법이 있으니, 무엇이 열인가?

이른바 일체 모든 부처님께서 깨끗하고 미묘
한 몸이 있어서 삼세에 널리 들어가시며, 일체
모든 부처님께서 세 가지 자재함을 모두 다 구
족하여 중생들을 널리 교화하시며, 일체 모든

능수지일체불법　　일체제불　　개실구족사
能受持一切佛法하며　一切諸佛이　皆悉具足四

종변재　　보전일체청정법륜
種辯才하사　普轉一切淸淨法輪하니라

일체제불　　개실구족평등대비　　항불사리
一切諸佛이　皆悉具足平等大悲하사　恒不捨離

일체중생　　일체제불　　개실구족심심선
一切衆生하며　一切諸佛이　皆悉具足甚深禪

정　　　항보관찰일체중생　　일체제불　　개
定하사　恒普觀察一切衆生하며　一切諸佛이　皆

실구족이타선근　　조복중생　　무유휴식
悉具足利他善根하사　調伏衆生호대　無有休息하며

일체제불　　개실구족무소애심　　보능안주
一切諸佛이　皆悉具足無所礙心하사　普能安住

일체법계
一切法界하니라

부처님께서 모든 다라니를 모두 다 구족하여 일체 부처님 법을 널리 능히 받아 지니시며, 일체 모든 부처님께서 네 가지 변재를 모두 다 구족하여 일체 청정한 법륜을 널리 굴리신다.

일체 모든 부처님께서 평등한 대비를 모두 다 구족하여 항상 일체 중생을 버리고 여의지 아니하시며, 일체 모든 부처님께서 매우 깊은 선정을 모두 다 구족하여 일체 중생을 항상 널리 관찰하시며, 일체 모든 부처님께서 다른 이를 이롭게 하는 선근을 모두 다 구족하여 중생을 조복하되 휴식함이 없으시며, 일체 모든 부처님께서 걸리는 바 없는 마음을 모두

일체제불　　개실구족무애신력　　　일념보현
一切諸佛이 皆悉具足無礙神力하사 一念普現

삼세제불　　　일체제불　　개실구족무애지
三世諸佛하며 一切諸佛이 皆悉具足無礙智

혜　　　일념보립삼세겁수
慧하사 一念普立三世劫數니라

시위십
是爲十이니라

불자　　제불세존　　유십종난신수광대법
佛子야 諸佛世尊이 有十種難信受廣大法하시니

하등　　위십
何等이 爲十고

소위일체제불　　실능최멸일체제마　　　일체
所謂一切諸佛이 悉能摧滅一切諸魔하며 一切

다 구족하여 일체 법계에 널리 능히 편안히 머무르신다.

일체 모든 부처님께서 걸림 없는 위신력을 모두 다 구족하여 한 생각 동안에 삼세 모든 부처님을 널리 나타내시며, 일체 모든 부처님께서 걸림 없는 지혜를 모두 다 구족하여 한 생각 동안에 삼세 겁의 수효를 널리 건립하신다.

이것이 열이다.

불자여, 모든 부처님 세존께는 열 가지 믿고 받아들이기 어려운 광대한 법이 있으니, 무엇이 열인가?

제불　　실능항복일체외도
諸佛이 悉能降伏一切外道하니라

일체제불　　실능조복일체중생　　함령환
一切諸佛이 悉能調伏一切衆生하야 咸令歡

열　　일체제불　　실능왕예일체세계　　화
悅하며 一切諸佛이 悉能往詣一切世界하야 化

도군품
導群品하니라

일체제불　　실능지증심심법계　　일체제
一切諸佛이 悉能智證甚深法界하며 一切諸

불　실개능이무이지신　　현종종신　　충
佛이 悉皆能以無二之身으로 現種種身하야 充

만세계
滿世界하니라

일체제불　　실개능이청정음성　　기사변
一切諸佛이 悉皆能以淸淨音聲으로 起四辯

이른바 일체 모든 부처님께서 일체 모든 마군을 모두 능히 꺾어 멸하시며, 일체 모든 부처님께서 일체 외도를 모두 능히 항복 받으신다.

일체 모든 부처님께서 일체 중생을 모두 능히 조복하여 다 즐겁게 하시며, 일체 모든 부처님께서 일체 세계에 모두 능히 나아가서 여러 중생들을 교화하고 인도하신다.

일체 모든 부처님께서 매우 깊은 법계를 다 능히 지혜로 증득하시며, 일체 모든 부처님께서 모두 다 능히 둘이 아닌 몸으로써 갖가지 몸을 나타내어 세계에 충만하시다.

일체 모든 부처님께서 모두 다 능히 청정한 음

재   설법무단   범유신수   공부당연
才_{하야} 說法無斷_{하사} 凡有信受_에 功不唐捐_{하며}

일 체 제 불   개 실 능 어 일 모 공 중   출 현 제
一切諸佛_이 皆悉能於一毛孔中_에 出現諸

불   여 일 체 세 계 미 진 수 등   무 유 단 절
佛_{하사대} 與一切世界微塵數等_{하야} 無有斷絶_{하나라}

일 체 제 불   개 실 능 어 일 미 진 중   시 현 중
一切諸佛_이 皆悉能於一微塵中_에 示現衆

찰   여 일 체 세 계 미 진 수 등   구 족 종 종 상
刹_{하사대} 與一切世界微塵數等_{하야} 具足種種上

묘 장 엄   항 어 기 중   전 묘 법 륜   교 화 중
妙莊嚴_{하야} 恒於其中_에 轉妙法輪_{하사} 敎化衆

생   이 미 진 부 대   세 계 불 소   상 이 증 지
生_{호대} 而微塵不大_{하고} 世界不小_{하야} 常以證智_로

안 주 법 계
安住法界_{하나라}

22

성으로 네 가지 변재를 일으켜 법을 설하시어 끊어짐이 없어서 무릇 믿고 받아들임에 공이 헛되지 아니하며, 일체 모든 부처님께서 모두 다 능히 한 모공 가운데 모든 부처님을 나타내시되 일체 세계의 미진수와 같아서 끊어짐이 없다.

일체 모든 부처님께서 모두 다 능히 한 미진 속에 온갖 세계를 나타내 보이되 일체 세계의 미진수와 같은데 갖가지 가장 미묘한 장엄을 구족하고 항상 그 가운데서 미묘한 법륜을 굴리어 중생을 교화하되 미진이 커지지도 않고 세계가 작아지지도 않으며 항상 증득한 지혜로 법계에 편안히 머무르신다.

일체제불　개실요달청정법계　　이지광
一切諸佛이 **皆悉了達淸淨法界**하사 **以智光**

명　　파세치암　　영어불법　실득개효
明으로 **破世癡闇**하사 **令於佛法**에 **悉得開曉**하야

수축여래　　주십력중
隨逐如來하야 **住十力中**이니라

시위십
是爲十이니라

일체 모든 부처님께서 청정한 법계를 모두 다 밝게 통달하고 지혜 광명으로 세간의 어리석음을 깨뜨려서 부처님 법을 모두 깨달아 알게 하여 여래를 따라 십력 가운데 머무르게 하신다.

이것이 열이다.

불자 제불세존 유십종대공덕이과청정
佛子야 **諸佛世尊**이 **有十種大功德離過清淨**하시니

하등 위십
何等이 **爲十**고

소위일체제불 구대위덕 이과청정
所謂一切諸佛이 **具大威德**하사 **離過清淨**하며

일체제불 실어삼세여래가생 종족조
一切諸佛이 **悉於三世如來家生**하사 **種族調**

선 이과청정
善하야 **離過清淨**하니라

일체제불 진미래제 심무소주 이과
一切諸佛이 **盡未來際**토록 **心無所住**하사 **離過**

청정 일체제불 어삼세법 개무소착
清淨하며 **一切諸佛**이 **於三世法**에 **皆無所著**하사

이과청정
離過清淨하니라

불자여, 모든 부처님 세존께는 열 가지 큰 공덕으로 허물을 여읜 청정하심이 있으니, 무엇이 열인가?

이른바 일체 모든 부처님께서 큰 위엄과 공덕을 구족하여 허물을 여의어 청정하시며, 일체 모든 부처님께서 다 삼세 여래의 가문에 태어나서 종족이 조순하고 훌륭하여 허물을 여의어 청정하시다.

일체 모든 부처님께서 미래제가 다하도록 마음이 머무르는 바가 없어서 허물을 여의어 청정하시며, 일체 모든 부처님께서 삼세 법에 모두 집착하는 바가 없어서 허물을 여의어 청정

일체제불　　지종종성　　개시일성　　　무소종
一切諸佛이 知種種性이 皆是一性이라 無所從

래　　이과청정　　　일체제불　　전제후제　　복
來하사 離過清淨하며 一切諸佛이 前際後際의 福

덕무진　　　등어법계　　　이과청정
德無盡하야 等於法界하사 離過清淨하니라

일체제불　　무변신상　　변시방찰　　　수시조
一切諸佛이 無邊身相이 徧十方刹하사 隨時調

복일체중생　　　이과청정　　　일체제불　　획
伏一切衆生하야 離過清淨하며 一切諸佛이 獲

사무외　　　이제공포　　　어중회중　　대사자
四無畏하사 離諸恐怖하야 於衆會中에 大師子

후　　명료분별일체제법　　　이과청정
吼로 明了分別一切諸法하사 離過清淨하니라

일체제불　　어불가설불가설겁　　입반열반
一切諸佛이 於不可說不可說劫에 入般涅槃이라도

하시다.

일체 모든 부처님께서 갖가지 성품이 모두 한 성품이고 온 바가 없음을 알아서 허물을 여의어 청정하시며, 일체 모든 부처님께서 과거와 미래의 복덕이 다함없어서 법계와 평등하여 허물을 여의어 청정하시다.

일체 모든 부처님께서 가없는 몸이 시방세계에 두루하시어 때를 따라 일체 중생을 조복하여 허물을 여의어 청정하시며, 일체 모든 부처님께서 사무외를 얻어 모든 공포를 떠나 대중 모임 가운데서 큰 사자후로 일체 모든 법을 명료하게 분별하여 허물을 여의어 청정하시다.

중생 문명 획무량복 여불현재공덕무
衆生이 聞名에 獲無量福이 如佛現在功德無

이 이과 청정
異하야 離過淸淨하니라

일체제불 원재불가설불가설세계중
一切諸佛이 遠在不可說不可說世界中이라도

약유중생 일심정념 즉개득견 이과
若有衆生이 一心正念하면 則皆得見하야 離過

청정
淸淨이니라

시위십
是爲十이니라

불자 제불세존 유십종구경청정 하
佛子야 諸佛世尊이 有十種究竟淸淨하시니 何

일체 모든 부처님께서 말할 수 없이 말할 수 없는 겁에 반열반하였더라도 중생들이 명호만 들어도 한량없는 복을 얻는 것이 마치 부처님께서 지금 계시는 공덕과 같아 다름이 없어서 허물을 여의어 청정하시다.

일체 모든 부처님께서 말할 수 없이 말할 수 없는 세계 가운데 멀리 있더라도 만약 어떤 중생이 일심으로 바르게 생각하면 곧 모두 친견하게 되어서 허물을 여의어 청정하시다.

이것이 열이다.

불자여, 모든 부처님 세존께는 열 가지 구경

등 위십
等이 **爲十**고

소위일체제불   왕석대원   구경청정   일
所謂一切諸佛이 **往昔大願**이 **究竟淸淨**하며 **一**

체제불   소지범행   구경청정
切諸佛이 **所持梵行**이 **究竟淸淨**하니라

일체제불   이세중혹   구경청정   일체
一切諸佛이 **離世衆惑**하야 **究竟淸淨**하며 **一切**

제불   장엄국토   구경청정
諸佛이 **莊嚴國土**하야 **究竟淸淨**하니라

일체제불   소유권속   구경청정   일체제
一切諸佛이 **所有眷屬**이 **究竟淸淨**하며 **一切諸**

불   소유종족   구경청정
佛이 **所有種族**이 **究竟淸淨**하니라

일체제불   색신상호   구경청정   일체제
一切諸佛이 **色身相好**가 **究竟淸淨**하며 **一切諸**

에 청정하심이 있으니, 무엇이 열인가?

이른바 일체 모든 부처님께서 지난 옛적 큰 서원이 구경에 청정하시며, 일체 모든 부처님께서 지니신 바 범행이 구경에 청정하시다.

일체 모든 부처님께서 세간의 온갖 미혹을 여의어 구경에 청정하시며, 일체 모든 부처님께서 국토를 장엄하여 구경에 청정하시다.

일체 모든 부처님의 있는 바 권속이 구경에 청정하시며, 일체 모든 부처님의 있는 바 종족이 구경에 청정하시다.

일체 모든 부처님께서 색신의 상호가 구경에 청정하시며, 일체 모든 부처님께서 법신이 물

불　법신무염　　구경청정
佛이 法身無染하야 究竟淸淨하니라

일체제불　　일체지지　　무유장애　　구경청
一切諸佛이 一切智智가 無有障礙하야 究竟淸

정　　　일체제불　　해탈자재　　소작이판
淨하며 一切諸佛이 解脫自在하사 所作已辨하사

도어피안　　구경청정
到於彼岸하며 究竟淸淨이니라

시위십
是爲十이니라

불자　제불세존　어일체세계일체시　유십
佛子야 諸佛世尊이 於一切世界一切時에 有十

종불사　　하등　위십
種佛事하시니 何等이 爲十고

듦이 없어서 구경에 청정하시다.

일체 모든 부처님께서 일체지의 지혜가 장애가 없어서 구경에 청정하시며, 일체 모든 부처님께서 해탈이 자재하여 할 일을 이미 마치고 피안에 이르러서 구경에 청정하시다.

이것이 열이다.

불자여, 모든 부처님 세존께는 일체 세계와 일체 시간에 열 가지 불사가 있으니, 무엇이 열인가?

하나는 만약 어떤 중생이 오롯한 마음으로 생각하면 곧 그 앞에 나타나시고, 둘은 만약

일자　　약유중생　　전심억념　　즉현기전
一者는 若有衆生이 專心憶念하면 則現其前이요

이자　　약유중생　　심부조순　　즉위설법
二者는 若有衆生이 心不調順하면 則爲說法이요

삼자　　약유중생　　능생정신　　필령획득무
三者는 若有衆生이 能生淨信하면 必令獲得無

량선근
量善根이요

사자　　약유중생　　능입법위　　실개현증
四者는 若有衆生이 能入法位하면 悉皆現證하야

무불료지　　오자　　교화중생　　무유피염
無不了知요 五者는 敎化衆生호대 無有疲厭이요

육자　　유제불찰　　왕래무애
六者는 遊諸佛刹에 往來無礙요

칠자　　대비불사일체중생　　팔자　　현변화
七者는 大悲不捨一切衆生이요 八者는 現變化

어떤 중생의 마음이 조순하지 않으면 곧 위하여 법을 설하시고, 셋은 만약 어떤 중생이 능히 깨끗한 믿음을 내면 반드시 한량없는 선근을 얻게 하신다.

넷은 만약 어떤 중생이 법의 지위에 능히 들어가면 모두 다 증득함을 나타내어 밝게 알지 못함이 없으시고, 다섯은 중생들을 교화하되 피로해하거나 싫어함이 없으시고, 여섯은 모든 부처님 세계에 다녀도 가고 옴에 걸림이 없으시다.

일곱은 대비로 일체 중생을 버리지 않으시고, 여덟은 변화하는 몸을 나타내어 항상 끊

신   항부단절   구자   신통자재   미상
身하야 恒不斷絶이요 九者는 神通自在하야 未嘗

휴식   십자   안주법계   능변관찰
休息이요 十者는 安住法界하야 能徧觀察이니라

시 위 십
是爲十이니라

불자   제 불 세 존   유 십 종 무 진 지 해 법
佛子야 諸佛世尊이 有十種無盡智海法하시니

하 등   위 십
何等이 爲十고

소 위 일 체 제 불   무 변 법 신   무 진 지 해 법   일
所謂一切諸佛의 無邊法身인 無盡智海法과 一

체 제 불   무 량 불 사   무 진 지 해 법   일 체 제
切諸佛의 無量佛事인 無盡智海法과 一切諸

어지지 않으시고, 아홉은 신통이 자재하여 일찍이 휴식한 적이 없으시고, 열은 법계에 편안히 머물러 능히 두루 관찰하신다.

이것이 열이다.

불자여, 모든 부처님 세존께는 열 가지 다함없는 지혜바다의 법이 있으니, 무엇이 열인가?

이른바 일체 모든 부처님의 가없는 법신인 다함없는 지혜바다의 법과, 일체 모든 부처님의 한량없는 불사인 다함없는 지혜바다의 법과, 일체 모든 부처님의 부처님 눈 경계인 다함없는 지혜바다의 법이다.

불　불안경계　무진지해법
佛의 佛眼境界인 無盡智海法이니라

일체제불　　무량무수난사선근　무진지해
一切諸佛의 無量無數難思善根인 無盡智海

법　일체제불　보우일체감로묘법　　무진
法과 一切諸佛의 普雨一切甘露妙法하는 無盡

지해법　일체제불　찬불공덕　　무진지해
智海法과 一切諸佛의 讚佛功德하는 無盡智海

법
法이니라

일체제불　왕석소수종종원행　무진지해
一切諸佛의 往昔所修種種願行인 無盡智海

법　일체제불　진미래제　　항작불사
法과 一切諸佛의 盡未來際토록 恒作佛事하는

무진지해법
無盡智海法이니라

일체 모든 부처님의 한량없고 수없고 생각하기 어려운 선근인 다함없는 지혜바다의 법과, 일체 모든 부처님의 일체 감로의 미묘한 법을 널리 비내림인 다함없는 지혜바다의 법과, 일체 모든 부처님의 부처님 공덕을 찬탄함인 다함없는 지혜바다의 법이다.

일체 모든 부처님의 지난 옛적에 닦은 바 갖가지 원행인 다함없는 지혜바다의 법과, 일체 모든 부처님의 미래제가 다하도록 항상 불사를 지음인 다함없는 지혜바다의 법이다.

일체 모든 부처님의 일체 중생의 마음의 행을 밝게 아는 것인 다함없는 지혜바다의 법과,

일체제불　　요지일체중생심행　　　무진지해
一切諸佛의 了知一切衆生心行하는 無盡智海

법　일체제불　복지장엄　무능과자　무진
法과 一切諸佛의 福智莊嚴이 無能過者인 無盡

지해법
智海法이니라

시위십
是爲十이니라

불자　제불세존　유십종상법　　하등　위
佛子야 諸佛世尊이 有十種常法하시니 何等이 爲

십
十고

소위일체제불　　상행일체제바라밀　　일체
所謂一切諸佛이 常行一切諸波羅蜜하며 一切

일체 모든 부처님의 복과 지혜로 장엄함을 능히 초과할 자 없음인 다함없는 지혜바다의 법이다.

이것이 열이다.

불자여, 모든 부처님 세존께는 열 가지 항상한 법이 있으니, 무엇이 열인가?

이른바 일체 모든 부처님께서 항상 일체 모든 바라밀을 행하시고, 일체 모든 부처님께서 일체 법에 항상 미혹을 여의시고, 일체 모든 부처님께서 항상 대비를 갖추시고, 일체 모든 부처님께서 항상 십력을 지니신다.

제불　　어일체법　　상리미혹　　일체제불
諸佛이 於一切法에 常離迷惑하며 一切諸佛이

상구대비　　일체제불　　상유십력
常具大悲하며 一切諸佛이 常有十力하니라

일체제불　　상전법륜　　일체제불　　상위중
一切諸佛이 常轉法輪하며 一切諸佛이 常爲衆

생　　시성정각　　일체제불　　상락조복일
生하야 示成正覺하며 一切諸佛이 常樂調伏一

체중생　　일체제불　　심상정념불이지법
切衆生하며 一切諸佛이 心常正念不二之法하니라

일체제불　　화중생이　　상시입어무여열반
一切諸佛이 化衆生已에 常示入於無餘涅槃하며

제불　　경계무변제고
諸佛이 境界無邊際故니라

시위십
是爲十이니라

일체 모든 부처님께서 항상 법륜을 굴리시고, 일체 모든 부처님께서 항상 중생들을 위하여 바른 깨달음을 이룸을 보이시고, 일체 모든 부처님께서 항상 일체 중생을 조복하기를 즐기시고, 일체 모든 부처님께서 마음에 둘이 아닌 법을 항상 바르게 생각하신다.

일체 모든 부처님께서 중생들을 교화하고는 항상 남음이 없는 열반에 들어감을 보이시니, 모든 부처님의 경계가 끝없는 까닭이다.

이것이 열이다.

불자   제불세존   유십종연설무량제불법
佛子야 諸佛世尊이 有十種演說無量諸佛法

문   하등   위십
門하시니 何等이 爲十고

소위일체제불   연설무량중생계문   일체
所謂一切諸佛이 演說無量衆生界門과 一切

제불   연설무량중생행문   일체제불   연설
諸佛이 演說無量衆生行門과 一切諸佛이 演說

무량중생업과문   일체제불   연설무량화
無量衆生業果門과 一切諸佛이 演說無量化

중생문
衆生門이니라

일체제불   연설무량정중생문   일체제불
一切諸佛이 演說無量淨衆生門과 一切諸佛이

연설무량보살행문   일체제불   연설무량
演說無量菩薩行門과 一切諸佛이 演說無量

불자여, 모든 부처님 세존께는 열 가지 한량 없는 모든 부처님의 법문을 연설하심이 있으니, 무엇이 열인가?

이른바 일체 모든 부처님께서 한량없는 중생계의 문을 연설하시며, 일체 모든 부처님께서 한량없는 중생의 행의 문을 연설하시며, 일체 모든 부처님께서 한량없는 중생의 업과 과보의 문을 연설하시며, 일체 모든 부처님께서 한량없는 중생들을 교화하는 문을 연설하신다.

일체 모든 부처님께서 한량없는 중생들을 깨끗하게 하는 문을 연설하시며, 일체 모든 부처님께서 한량없는 보살의 행의 문을 연설하시

보살원문　　일체제불　　연설무량일체세계
菩薩願門과　一切諸佛이　演說無量一切世界

성괴겁문
成壞劫門이니라

일체제불　　연설무량보살심심정불찰문
一切諸佛이　演說無量菩薩深心淨佛刹門과

일체제불　　연설무량일체세계삼세제불
一切諸佛이　演說無量一切世界三世諸佛이

어피피겁　　차제출현문　　일체제불　　연설일
於彼彼劫에　次第出現門과　一切諸佛이　演說一

체제불지문
切諸佛智門이니라

시위십
是爲十이니라

며, 일체 모든 부처님께서 한량없는 보살의 서원의 문을 연설하시며, 일체 모든 부처님께서 한량없는 일체 세계가 이루어지고 무너지는 겁의 문을 연설하신다.

일체 모든 부처님께서 한량없는 보살들의 깊은 마음으로 부처님 세계를 청정하게 하는 문을 연설하시며, 일체 모든 부처님께서 한량없는 일체 세계에 삼세 모든 부처님의 저 여러 겁 동안에 차례로 출현하는 문을 연설하시며, 일체 모든 부처님께서 일체 모든 부처님의 지혜의 문을 연설하신다.

이것이 열이다.

불자 제불세존 유십종위중생작불사
佛子야 諸佛世尊이 有十種爲衆生作佛事하시니

하등 위십
何等이 爲十고

소위일체제불 시현색신 위중생작불
所謂一切諸佛이 示現色身하사 爲衆生作佛

사 일체제불 출묘음성 위중생작
事하며 一切諸佛이 出妙音聲하사 爲衆生作

불사 일체제불 유소수 위중생작불
佛事하며 一切諸佛이 有所受하사 爲衆生作佛

사 일체제불 무소수 위중생작불
事하며 一切諸佛이 無所受하사 爲衆生作佛

사
事하니라

일체제불 이지수화풍 위중생작불사
一切諸佛이 以地水火風으로 爲衆生作佛事하며

불자여, 모든 부처님 세존께는 열 가지 중생들을 위하여 불사를 지으심이 있으니, 무엇이 열인가?

이른바 일체 모든 부처님께서 색신을 나타내 보여 중생을 위하여 불사를 지으시며, 일체 모든 부처님께서 미묘한 음성을 내어 중생을 위하여 불사를 지으시며, 일체 모든 부처님께서 받는 바가 있으면서 중생을 위하여 불사를 지으시며, 일체 모든 부처님께서 받는 바가 없으면서 중생을 위하여 불사를 지으신다.

일체 모든 부처님께서 지·수·화·풍으로 중생을 위하여 불사를 지으시며, 일체 모든

일체제불　　신력자재　　　시현일체소연경
一切諸佛이 神力自在하사 示現一切所緣境

계　　　위중생작불사　　일체제불　종종명
界하야 爲衆生作佛事하며 一切諸佛이 種種名

호　위중생작불사
号로 爲衆生作佛事하니라

일체제불　　이불찰경계　　위중생작불사
一切諸佛이 以佛刹境界로 爲衆生作佛事하며

일체제불　　엄정불찰　　　위중생작불사
一切諸佛이 嚴淨佛刹하사 爲衆生作佛事하며

일체제불　적막무언　　　위중생작불사
一切諸佛이 寂寞無言하사 爲衆生作佛事니라

시위십
是爲十이니라

부처님께서 자재한 위신력으로 일체 반연할 경계를 나타내 보여 중생을 위하여 불사를 지으시며, 일체 모든 부처님께서 갖가지 명호로 중생을 위하여 불사를 지으신다.

일체 모든 부처님께서 부처님 세계의 경계로 중생을 위하여 불사를 지으시며, 일체 모든 부처님께서 부처님 세계를 깨끗이 장엄하여 중생을 위하여 불사를 지으시며, 일체 모든 부처님께서 적막하여 말없이 중생을 위하여 불사를 지으신다.

이것이 열이다.

불자 제불세존 유십종최승법 하등
佛子야 **諸佛世尊**이 **有十種最勝法**하시니 **何等**이

위십
爲十고

소위일체제불 대원견고 불가저괴
所謂一切諸佛이 **大願堅固**하사 **不可沮壞**하고

소언필작 언무유이
所言必作하사 **言無有二**하니라

일체제불 위욕원만일체공덕 진미래
一切諸佛이 **爲欲圓滿一切功德**하사 **盡未來**

겁 수보살행 불생해권
劫토록 **修菩薩行**하야 **不生懈倦**하니라

일체제불 위욕조복일중생고 왕불가설
一切諸佛이 **爲欲調伏一衆生故**로 **往不可說**

불가설세계 여시이위일체중생 이무
不可說世界하사 **如是而爲一切衆生**하야 **而無**

불자여, 모든 부처님 세존께는 열 가지 가장 수승한 법이 있으니, 무엇이 열인가?

이른바 일체 모든 부처님께서 큰 서원이 견고하여 깨뜨릴 수 없으며 말한 것은 반드시 행하여 두 말이 없으시다.

일체 모든 부처님께서 일체 공덕을 원만케 하려고 미래겁이 다하도록 보살의 행을 닦아 게으름을 내지 아니하신다.

일체 모든 부처님께서 한 중생을 조복하려는 까닭으로 말할 수 없이 말할 수 없는 세계로 다니며 이와 같이 일체 중생을 위하여 끊지 아니하신다.

단 절
斷絶하니라

일체제불　어신어훼이종중생　대비보관
一切諸佛이 **於信於毀二種衆生**에 **大悲普觀**하사

평등무이
平等無異하니라

일체제불　종초발심　내지성불　종불퇴
一切諸佛이 **從初發心**으로 **乃至成佛**이 **終不退**

실보리지심
失菩提之心하니라

일체제불　적집무량제선공덕　개이회향
一切諸佛이 **積集無量諸善功德**하사 **皆以迴向**

일체지성　어제세간　종무염착
一切智性하야 **於諸世間**에 **終無染著**하니라

일체제불　어제불소　수학삼업　유행불
一切諸佛이 **於諸佛所**에 **修學三業**호대 **唯行佛**

일체 모든 부처님께서 믿거나 헐뜯는 두 부류의 중생을 대비로 널리 관찰함에 평등하여 다름이 없으시다.

일체 모든 부처님께서 처음 마음을 낼 때부터 내지 부처를 이룰 때까지 끝내 보리의 마음에서 물러나지 아니하신다.

일체 모든 부처님께서 한량없는 모든 선한 공덕을 쌓아 모아 다 일체 지혜의 성품에 회향하면서 모든 세간에 끝까지 물들어 집착함이 없으시다.

일체 모든 부처님께서 모든 부처님 처소에서 삼업을 닦아 배우면서 오직 부처님의 행만 행

행 비이승행 개위회향일체지성 성
行이요 非二乘行이라 皆爲迴向一切智性하야 成

어무상정등보리
於無上正等菩提하니라

일체제불 방대광명 기광평등 조일체
一切諸佛이 放大光明에 其光平等하야 照一切

처 급조일체제불지법 영제보살 심
處하고 及照一切諸佛之法하사 令諸菩薩로 心

득청정 만일체지
得淸淨하야 滿一切智하니라

일체제불 사리세락 불탐불염 이보
一切諸佛이 捨離世樂하야 不貪不染하고 而普

원세간 이고득락 무제희론
願世間으로 離苦得樂하야 無諸戲論하니라

일체제불 민제중생 수종종고 수호불
一切諸佛이 愍諸衆生의 受種種苦하사 守護佛

하고 이승의 행은 행하지 않으며 다 일체 지혜의 성품에 회향하면서 위없는 바르고 평등한 보리를 이루신다.

일체 모든 부처님께서 큰 광명을 놓음에 그 광명이 평등하게 일체 처를 비추고 그리고 일체 모든 부처님의 법을 비추어서 모든 보살들로 하여금 마음이 청정함을 얻어 일체 지혜를 원만하게 하신다.

일체 모든 부처님께서 세상의 즐거움을 버리고 여의어 탐하지 않고 물들지 않으며 세간이 괴로움을 여의고 즐거움 얻기를 널리 발원하여 모든 희론이 없으시다.

종 행불경계 출리생사 체십력지
種하고 行佛境界하야 出離生死하야 逮十力地니라

시위십
是爲十이니라

불자 제불세존 유십종무장애주 하
佛子야 諸佛世尊이 有十種無障礙住하시니 何

등 위십
等이 爲十고

소위일체제불 개능왕일체세계 무장애
所謂一切諸佛이 皆能往一切世界하사 無障礙

주 일체제불 개능주일체세계 무장
住하며 一切諸佛이 皆能住一切世界하사 無障

애주
礙住하니라

일체 모든 부처님께서 모든 중생들이 갖가지 고통 받는 것을 가엾게 여겨 부처님의 종성을 수호하며 부처님의 경계를 행하여 생사를 벗어나서 십력의 지위에 이르게 하신다.

이것이 열이다.

불자여, 모든 부처님 세존께는 열 가지 장애 없이 머무르심이 있으니, 무엇이 열인가?

이른바 일체 모든 부처님께서 일체 세계에 다 능히 가되 장애 없이 머무르시며, 일체 모든 부처님께서 일체 세계에 다 능히 머무르되 장애 없이 머무르신다.

일체제불　개능어일체세계　행주좌와
一切諸佛이 皆能於一切世界에 行住坐臥하사

무장애주　　일체제불　개능어일체세계
無障礙住하며 一切諸佛이 皆能於一切世界에

연설정법　　무장애주
演說正法하사 無障礙住하니라

일체제불　개능어일체세계　주도솔천궁
一切諸佛이 皆能於一切世界에 住兜率天宮하사

무장애주　　일체제불　개능입법계일체삼
無障礙住하며 一切諸佛이 皆能入法界一切三

세　　무장애주
世하사 無障礙住하니라

일체제불　개능좌법계일체도량　　무장애
一切諸佛이 皆能坐法界一切道場하사 無障礙

주　　일체제불　개능염념관일체중생심행
住하며 一切諸佛이 皆能念念觀一切衆生心行하고

일체 모든 부처님께서 다 능히 일체 세계에서 가고 머무르고 앉고 눕되 장애 없이 머무르시며, 일체 모든 부처님께서 다 능히 일체 세계에서 바른 법을 연설하되 장애 없이 머무르신다.

일체 모든 부처님께서 다 능히 일체 세계에서 도솔천 궁전에 머무르되 장애 없이 머무르시며, 일체 모든 부처님께서 다 능히 법계의 일체 삼세에 들어가되 장애 없이 머무르신다.

일체 모든 부처님께서 법계의 일체 도량에 다 능히 앉되 장애 없이 머무르시며, 일체 모든 부처님께서 다 능히 생각생각에 일체 중생

이삼종자재　　교화조복　　무장애주
以三種自在로 敎化調伏하사 無障礙住하니라

일체제불　　개능이일신　　주무량부사의불
一切諸佛이 皆能以一身으로 住無量不思議佛

소　　급일체처　　이익중생　　무장애주
所와 及一切處하사 利益衆生하야 無障礙住하며

일체제불　　개능개시무량제불　　소설정법
一切諸佛이 皆能開示無量諸佛의 所說正法하사

무장애주
無障礙住니라

시위십
是爲十이니라

불자　　제불세존　　유십종최승무상장엄
佛子야 諸佛世尊이 有十種最勝無上莊嚴하시니

의 마음의 행을 살펴보고 세 가지 자재로 교화하고 조복하되 장애 없이 머무르신다.

일체 모든 부처님께서 다 능히 한 몸으로써 한량없고 부사의한 부처님 처소와 그리고 일체 처에 머물러 중생을 이익하게 하여 장애 없이 머무르시며, 일체 모든 부처님께서 한량없는 모든 부처님의 말씀하신 바른 법을 다 능히 열어 보이되 장애 없이 머무르신다.

이것이 열이다.

불자여, 모든 부처님 세존께는 열 가지 가장 수승하고 위없는 장엄이 있으니, 무엇이 열인

하등 위십
何等이 爲十고

일체제불 개실구족제상수호 시위제불
一切諸佛이 皆悉具足諸相隨好가 是爲諸佛의

제일최승무상신장엄
第一最勝無上身莊嚴이요

일체제불 개실구족육십종음 일일음
一切諸佛이 皆悉具足六十種音하사 一一音에

유오백분 일일분 무량백천청정지음 이
有五百分하며 一一分에 無量百千淸淨之音으로 以

위엄호 능어법계일체중중 무제공포
爲嚴好하야 能於法界一切衆中에 無諸恐怖한

대사자후 연설여래심심법의 중생문자
大師子吼로 演說如來甚深法義어든 衆生聞者가

미불환희 수기근욕 실득조복 시위
靡不歡喜하야 隨其根欲하야 悉得調伏이 是爲

가?

　일체 모든 부처님께서 모든 상과 수호를 모두 다 구족하셨다. 이것이 모든 부처님의 첫째, 가장 수승하고 위없는 몸의 장엄이다.

　일체 모든 부처님께서 예순 가지 음성을 모두 다 구족하고, 낱낱 음성마다 오백 가지 부분이 있고, 낱낱 부분마다 한량없는 백천의 청정한 음성으로 아름답게 장엄하고, 능히 법계의 일체 대중 가운데서 모든 공포가 없는 큰 사자후로써 여래의 매우 깊은 법과 뜻을 연설하시는데, 듣는 중생들이 환희하지 않음이 없어 그 근성과 욕망을 따라 다 조복하신

제불　　제이최승무상어장엄
諸佛의 **第二最勝無上語莊嚴**이요

일체제불　　개구십력　　제대삼매　　십팔불
一切諸佛이 **皆具十力**과 **諸大三昧**와 **十八不**

공　　　장엄의업　　　소행경계　　통달무애
共으로 **莊嚴意業**하사 **所行境界**에 **通達無礙**하며

일체불법　　함득무여　　법계장엄　　　이위
一切佛法에 **咸得無餘**하며 **法界莊嚴**으로 **而爲**

장엄　　법계중생　　심지소행　　거래현재
莊嚴하며 **法界衆生**의 **心之所行**이 **去來現在**에

각각차별　　어일념중　　실능명견　　시위제
各各差別을 **於一念中**에 **悉能明見**이 **是爲諸**

불　　제삼최승무상의장엄
佛의 **第三最勝無上意莊嚴**이요

일체제불　　개실능방무수광명　　　일일광
一切諸佛이 **皆悉能放無數光明**하사 **一一光**

다. 이것이 모든 부처님의 둘째, 가장 수승하고 위없는 말씀의 장엄이다.

일체 모든 부처님께서 십력과 모든 큰 삼매와 열여덟 가지 함께하지 않음을 다 갖추어 의업을 장엄하고 행하는 바 경계에 통달하여 걸림 없으며, 일체 모든 부처님의 법을 남김없이 다 얻어서 법계의 장엄으로 장엄하며, 법계의 중생들이 마음으로 행하는 과거와 미래와 현재의 각각 차별한 것을 한 생각에 다 능히 밝게 보신다. 이것이 모든 부처님의 셋째, 가장 수승하고 위없는 뜻의 장엄이다.

일체 모든 부처님께서 모두 다 능히 수없는

명　　유불가설광명망　　이위권속　　보조
明에 有不可說光明網으로 以爲眷屬하야 普照

일체제불국토　　멸제일체세간흑암　　시
一切諸佛國土하야 滅除一切世閒黑闇하며 示

현무량제불출흥　　기신평등　　실개청
現無量諸佛出興호대 其身平等하야 悉皆淸

정　　소작불사　　함부당연　　능령중생
淨하야 所作佛事가 咸不唐捐하야 能令衆生으로

지불퇴전　　시위제불　　제사최승무상광명
至不退轉이 是爲諸佛의 第四最勝無上光明

장엄
莊嚴이요

일체제불　　현미소시　　개어구중　　방백천억
一切諸佛이 現微笑時에 皆於口中에 放百千億

나유타아승지광명　　일일광명　　각유무
那由他阿僧祇光明이어시든 一一光明에 各有無

광명을 놓으시니 낱낱 광명에 말할 수 없는
광명 그물로 권속을 삼고 일체 모든 부처님의
국토를 널리 비추어 일체 세간의 어두움을 없
애며, 한량없는 모든 부처님의 출현을 나타내
보이는데, 그 몸이 평등하여 모두 다 청정하며
짓는 바 불사가 다 헛되지 아니하여 능히 중생
들로 하여금 물러나지 않음에 이르게 하신다.
이것이 모든 부처님의 넷째, 가장 수승하고 위
없는 광명의 장엄이다.

　일체 모든 부처님께서 미소를 지을 때에 다
입속에 백천억 나유타 아승지 광명을 놓는데,
낱낱 광명에 각각 한량없고 부사의한 갖가지

량부사의종종색
量不思議種種色하야

변조시방일체세계
徧照十方一切世界하야

어대중중
於大衆中에

발성실어
發誠實語하야

수무량무수부사의
授無量無數不思議

중생
衆生의

아뇩다라삼먁삼보리기
阿耨多羅三藐三菩提記가

시위제불
是爲諸佛의

제오이세치혹최승무상현미소장엄
第五離世癡惑最勝無上現微笑莊嚴이요

일체제불
一切諸佛이

개유법신
皆有法身하사

청정무애
清淨無礙하야

어일
於一

체법
切法에

구경통달
究竟通達하며

주어법계
住於法界하야

무유변제
無有邊際하며

수재세간
雖在世間이나

불여세잡
不與世雜하며

요세실성
了世實性하야

행출
行出

세법
世法하며

언어도단
言語道斷하야

초온계처
超蘊界處가

시위제불
是爲諸佛의

색이 있어 시방의 일체 세계를 두루 비추어, 대중 가운데 성실한 말씀을 내어 한량없고 수없고 부사의한 중생들에게 아뇩다라삼먁삼보리의 수기를 주신다. 이것이 모든 부처님의 다섯째, 세상의 어리석은 미혹을 여의는 가장 수승하고 위없는 미소를 짓는 장엄이다.

일체 모든 부처님께서 다 법신이 있으니 청정하여 걸림이 없고 일체 법을 끝까지 통달하여 법계에 머무름이 끝이 없고, 비록 세간에 있어도 세간과 더불어 섞이지 아니하고, 세간의 참된 성품을 알아 세간을 벗어나는 법을 행하고, 언어의 길이 끊어져 온과 계와 처를 초

제육최승무상법신장엄
第六最勝無上法身莊嚴이요

일체제불 개유무량상묘광명 불가설불
一切諸佛이 皆有無量常妙光明이 不可說不

가설종종색상 이위엄호 위광명장
可說種種色相으로 以爲嚴好하야 爲光明藏하야

출생무량원만광명 보조시방 무유장
出生無量圓滿光明하야 普照十方하사 無有障

애 시위제불 제칠최승무상상묘광명장
礙가 是爲諸佛의 第七最勝無上常妙光明莊

엄
嚴이요

일체제불 개유무변묘색 가애묘색 청정
一切諸佛이 皆有無邊妙色과 可愛妙色과 淸淨

묘색 수심소현묘색 영폐일체삼계묘색
妙色과 隨心所現妙色과 映蔽一切三界妙色과

월하신다. 이것이 모든 부처님의 여섯째, 가장 수승하고 위없는 법신의 장엄이다.

일체 모든 부처님께서 다 한량없고 항상하고 미묘한 광명이 있는데, 말할 수 없이 말할 수 없는 갖가지 색상으로 아름답게 장엄하였으며, 광명의 창고가 되어 한량없이 원만한 광명을 내어 시방에 널리 비추되 장애가 없으시다. 이것이 모든 부처님의 일곱째, 가장 수승하고 위없는 항상하고 미묘한 광명의 장엄이다.

일체 모든 부처님께서 다 가없는 미묘한 빛과 사랑스러운 미묘한 빛과 청정하게 미묘한 빛과 마음을 따라 나타나는 미묘한 빛과 일체

도어피안무상묘색　시위제불　제팔최승무
到於彼岸無上妙色이 是爲諸佛의 第八最勝無

상묘색장엄
上妙色莊嚴이요

일체제불　개어삼세불종중생　　적중선
一切諸佛이 皆於三世佛種中生하사 積衆善

보　　구경청정　　무제과실　　이세기방
寶하야 究竟淸淨하며 無諸過失하야 離世譏謗하며

일체법중　　최위수승　　청정묘행지소장
一切法中에 最爲殊勝하사 淸淨妙行之所莊

엄　　구족성취일체지지　　종족청정　　무
嚴으로 具足成就一切智智하야 種族淸淨하야 無

능기훼　시위제불　제구최승무상종족장
能譏毁가 是爲諸佛의 第九最勝無上種族莊

엄
嚴이요

삼계를 덮어 가리는 미묘한 빛과 피안에 이르는 위없는 미묘한 빛이 있으시다. 이것이 모든 부처님의 여덟째, 가장 수승하고 위없는 미묘한 빛 장엄이다.

일체 모든 부처님께서 다 삼세의 부처님 종성 가운데 태어나되 온갖 선한 보배를 모아 끝까지 청정하고 모든 허물이 없어 세상의 비방을 떠났으며, 일체 법 가운데 가장 수승하여 청정하고 미묘한 행으로 장엄하였으며, 일체지의 지혜를 구족하게 성취하였으며, 종족이 청정하여 비난하고 헐뜯을 이가 없으시다. 이것이 모든 부처님의 아홉째, 가장 수승하고 위없

일체제불　　이대자력　　　장엄기신　　　구경
一切諸佛이 以大慈力으로 莊嚴其身하야 究竟

청정　　　무제갈애　　　신행영식　　　심선해
淸淨하며 無諸渴愛하야 身行永息하며 心善解

탈　　　견자무염　　　대비구호일체세간　　　제
脫하야 見者無厭하며 大悲救護一切世間하야 第

일복전무상수자　　　애민이익일체중생　　　실
一福田無上受者며 哀愍利益一切衆生하야 悉

령증장무량복덕지혜지취　　　시위제불　　　제
令增長無量福德智慧之聚가 是爲諸佛의 第

십최승무상대자대비공덕장엄
十最勝無上大慈大悲功德莊嚴이니라

시위십
是爲十이니라

는 종족의 장엄이다.

　일체 모든 부처님께서 대자의 힘으로 그 몸을 장엄하고, 끝까지 청정하여 모든 갈애가 없어 몸으로 행함이 길이 쉬었고, 마음이 잘 해탈하여 보는 자가 싫어함이 없으며, 대비로 일체 세간을 구호하여 제일의 복밭이므로 위없이 받는 자이며, 일체 중생을 가엾이 여기고 이익하게 하여 모두 한량없는 복덕과 지혜의 무더기를 증장케 하신다. 이것이 모든 부처님의 열째, 가장 수승하고 위없는 대자대비한 공덕의 장엄이다.

　이것이 열이다.

불자 제불세존 유십종자재법 하등
佛子야 諸佛世尊이 有十種自在法하시니 何等이

위 십
爲十고

소위일체제불 어일체법 실득자재 명
所謂一切諸佛이 於一切法에 悉得自在하사 明

달종종구신미신 연설제법 변재무애
達種種句身味身하야 演說諸法에 辯才無礙이니라

시위제불 제일자재법
是爲諸佛의 第一自在法이요

일체제불 교화중생 미증실시 수기원
一切諸佛이 敎化衆生에 未曾失時하야 隨其願

락 위설정법 함령조복 무유단절
樂하야 爲說正法하사 咸令調伏하야 無有斷絶이니라

시위제불 제이자재법
是爲諸佛의 第二自在法이요

불자여, 모든 부처님 세존께는 열 가지 자재하신 법이 있으니, 무엇이 열인가?

이른바 일체 모든 부처님께서 일체 법에 모두 자재함을 얻어 갖가지 구절과 뜻을 분명하게 통달하며 모든 법을 연설함에 변재가 걸림이 없으시다.

이것이 모든 부처님의 첫째 자재하신 법이다.

일체 모든 부처님께서 중생을 교화함에 일찍이 때를 놓치지 않고 그들이 원하고 즐겨함을 따라 바른 법을 설하여 모두 조복해서 끊어짐이 없게 하신다.

이것이 모든 부처님의 둘째 자재하신 법이다.

일체제불   능령진허공계무량무수종종장
一切諸佛이 能令盡虛空界無量無數種種莊

엄   일체세계   육종진동   영피세계   혹
嚴한 一切世界로 六種震動하야 令彼世界로 或

거혹하   혹대혹소   혹합혹산   미증뇌
擧或下하며 或大或小하며 或合或散호대 未曾惱

해 어일중생   기중중생   불각부지   무의
害於一衆生이 其中衆生이 不覺不知하며 無疑

무괴
無怪이니라

시위제불   제삼자재법
是爲諸佛의 第三自在法이요

일체제불   이신통력   실능엄정일체세
一切諸佛이 以神通力으로 悉能嚴淨一切世

계   어일념경   보현일체세계장엄   차
界하사 於一念頃에 普現一切世界莊嚴하시니 此

일체 모든 부처님께서 능히 온 허공계의 한 량없고 수없는 갖가지로 장엄한 일체 세계로 하여금 여섯 가지로 진동케 하되, 저 세계들을 혹은 들어 올리고 혹은 내리고, 혹은 크게 하고 혹은 작게 하고, 혹은 합하게 하고 혹은 흩어지게 하되 일찍이 한 중생도 괴롭히거나 해친 적이 없으시다. 그 가운데 중생들도 느끼지 못하고 알지 못하며, 의심도 없고 괴이하게 여기지도 않는다.

이것이 모든 부처님의 셋째 자재하신 법이다.

일체 모든 부처님께서 신통력으로 일체 세계를 모두 능히 깨끗하게 장엄하는데, 잠깐 사이

제장엄　　경무수겁　　설불능진　　실개이
諸莊嚴이 經無數劫토록 說不能盡이라 悉皆離

염　　청정무비　　일체불찰엄정지사　　개
染하야 淸淨無比어든 一切佛刹嚴淨之事를 皆

령평등　　입일찰중
令平等하야 入一刹中이니라

시위제불　　제사자재법
是爲諸佛의 第四自在法이요

일체제불　　견일중생　　응수화자　　위기주
一切諸佛이 見一衆生의 應受化者하고 爲其住

수　　경불가설불가설겁　　내지진미래
壽하사 經不可說不可說劫하며 乃至盡未來

제　　결가부좌　　신심무권　　전심억
際토록 結跏趺坐하사대 身心無倦하야 專心憶

념　　미증폐망　　방편조복　　이불실시
念하사 未曾廢忘하고 方便調伏하야 而不失時하나니

에 일체 세계의 장엄을 널리 나타내며, 이 모든 장엄을 수없는 겁이 지나도록 설하여도 다 할 수 없으며, 모두 다 물듦을 떠나 청정함이 비길 데 없으며, 일체 부처님 세계를 깨끗이 장엄한 일이 다 평등하게 한 세계 중에 들어가게 하신다.

이것이 모든 부처님의 넷째 자재하신 법이다.

일체 모든 부처님께서 한 중생이라도 마땅히 교화 받아야 할 자를 보고는 그를 위하여 수명에 머무르되 말할 수 없이 말할 수 없는 겁을 지나며, 내지 미래제가 다하도록 결가부좌하되 몸과 마음이 게으름이 없이 오롯한 마음

여위일중생 위일체중생 실역여시
如爲一衆生하야 爲一切衆生도 悉亦如是니라

시위제불 제오자재법
是爲諸佛의 第五自在法이요

일체제불 실능변왕일체세계일체여래소
一切諸佛이 悉能徧往一切世界一切如來所

행지처 이부잠사
行之處하사대 而不暫捨하나라

일체법계 시방각별 일일방 유무량세계
一切法界가 十方各別한 一一方에 有無量世界

해 일일세계해 유무량세계종 불
海하고 一一世界海에 有無量世界種이어든 佛

이 신 력 일념함도 전어무애청정법
以神力으로 一念咸到하사 轉於無礙淸淨法

륜
輪이니라

으로 기억하여 일찍이 잊어버리지 않고 방편으로 조복하되 때를 놓치지 아니하고, 한 중생을 위함과 같이 일체 중생을 위함도 다 또한 이와 같이 하신다.

이것이 모든 부처님의 다섯째 자재하신 법이다.

일체 모든 부처님께서 일체 세계의 일체 여래께서 수행하던 곳에 다 능히 두루 가되 잠시도 버리지 않는다.

일체 법계가 시방이 각각 다르고 낱낱 방위마다 한량없는 세계바다가 있고 낱낱 세계바다에 한량없는 세계종이 있는데 부처님께서 위신력으로 한 생각 동안에 모두 이르러 걸림

시위제불 제육자재법
是爲諸佛의 第六自在法이요

일체제불 위욕조복일체중생 염념중
一切諸佛이 爲欲調伏一切衆生하사 念念中에

성아뇩다라삼먁삼보리 이어일체불법
成阿耨多羅三藐三菩提하사대 而於一切佛法에

비이현각 역비당각 역부주어유학지
非已現覺이며 亦非當覺이며 亦不住於有學之

지 이실지견 통달무애 무량지혜
地하고 而悉知見하야 通達無礙하사 無量智慧와

무량자재 교화조복일체중생
無量自在로 敎化調伏一切衆生이니라

시위제불 제칠자재법
是爲諸佛의 第七自在法이요

일체제불 능이안처 작이처불사 능이
一切諸佛이 能以眼處로 作耳處佛事하며 能以

없고 청정한 법륜을 굴리신다.

이것이 모든 부처님의 여섯째 자재하신 법이다.

일체 모든 부처님께서 일체 중생을 조복하려고 생각생각에 아뇩다라삼먁삼보리를 이루되, 일체 부처님의 법을 과거와 현재에 깨닫지도 않고 또한 장차 깨닫지도 않으며, 또한 배움이 있는 지위에 머무르지도 않으면서 모두 보고 알아서 통달하여 걸림이 없으며, 한량없는 지혜와 한량없는 자재로 일체 중생을 교화하고 조복하신다.

이것이 모든 부처님의 일곱째 자재하신 법이다.

일체 모든 부처님께서 능히 눈으로써 귀로

이처　작비처불사　　능이비처　작설처불
耳處로 作鼻處佛事하며 能以鼻處로 作舌處佛

사　능이설처　작신처불사　능이신처
事하며 能以舌處로 作身處佛事하며 能以身處로

작의처불사　능이의처　어일체세계중
作意處佛事하며 能以意處로 於一切世界中에

주세출세간종종경계　일일경계중　능작
住世出世間種種境界하사 一一境界中에 能作

무량광대불사
無量廣大佛事니라

시위제불　제팔자재법
是爲諸佛의 第八自在法이요

일체제불　기신모공　일일능용일체중생
一切諸佛이 其身毛孔에 一一能容一切衆生하사

일일중생　기신실여불가설제불찰등　　이
一一衆生이 其身悉與不可說諸佛刹等호대 而

하는 불사를 짓고, 능히 귀로써 코로 하는 불사를 짓고, 능히 코로써 혀로 하는 불사를 짓고, 능히 혀로써 몸으로 하는 불사를 짓고, 능히 몸으로써 뜻으로 하는 불사를 지으며, 능히 뜻으로써 일체 세계에서 세간과 출세간의 갖가지 경계에 머물러 낱낱 경계에서 한량없이 광대한 불사를 능히 지으신다.

이것이 모든 부처님의 여덟째 자재하신 법이다.

일체 모든 부처님께서 그 몸의 모공에 낱낱이 일체 중생을 능히 수용하여, 낱낱 중생이 그 몸이 모두 말할 수 없는 모든 부처님 세계와 더불어 동등하지만 비좁지 아니하다.

무 박 애
無迫隘하니라

일일중생　보보능과무수세계　여시전전
一一衆生이 **步步能過無數世界**하야 **如是展轉**

진무수겁　　실견제불　출현어세　　교화
盡無數劫토록 **悉見諸佛**이 **出現於世**하사 **教化**

중생　　　전정법륜　　개시과거미래현재불
衆生하사 **轉淨法輪**하야 **開示過去未來現在不**

가설법　　진허공계일체중생　제취수신위
可說法하며 **盡虛空界一切衆生**의 **諸趣受身威**

의왕래　급기소수종종낙구　개실구족
儀往來와 **及其所受種種樂具**가 **皆悉具足**호대

이어기중　무소장애
而於其中에 **無所障礙**이니라

시위제불　제구자재법
是爲諸佛의 **第九自在法**이요

낱낱 중생이 걸음걸음마다 능히 수없는 세계를 지나가되, 이와 같이 점점 더 수없는 겁이 다하도록 모든 부처님께서 세상에 출현하여 중생을 교화하고 청정한 법륜을 굴리어 과거와 미래와 현재의 말할 수 없는 법을 열어 보이며, 온 허공계의 일체 중생이 모든 갈래에서 몸을 받음과 위의와 오고 감과 그리고 그 수용하는 바 갖가지 즐길 거리를 모두 다 구족함을 다 보지만 그 가운데 장애하는 바가 없다.

이것이 모든 부처님의 아홉째 자재하신 법이다.

일체 모든 부처님께서 한 생각 사이에 일체

일체제불   어일념경   현일체세계미진수
一切諸佛이 於一念頃에 現一切世界微塵數

불   일일불   개어일체법계중묘련화광대
佛하사 一一佛이 皆於一切法界衆妙蓮華廣大

장엄세계연화장사자좌상   성등정각   시
莊嚴世界蓮華藏師子座上에 成等正覺하사 示

현제불자재신력
現諸佛自在神力이니라

여어중묘련화광대장엄세계   여시어일체
如於衆妙蓮華廣大莊嚴世界하야 如是於一切

법계중불가설불가설종종장엄   종종경계
法界中不可說不可說種種莊嚴과 種種境界와

종종형상   종종시현   종종겁수   청정세계
種種形相과 種種示現과 種種劫數인 淸淨世界에

여어일념   여시어무량무변아승지겁일체
如於一念하야 如是於無量無邊阿僧祇劫一切

세계의 미진수의 부처님을 나타내고, 낱낱 부처님께서 다 일체 법계의 온갖 미묘한 연꽃으로 광대하게 장엄한 세계에 연화장 사자좌 위에서 평등한 바른 깨달음을 이루어 모든 부처님의 자재한 위신력을 나타내 보이셨다.

온갖 미묘한 연꽃으로 광대하게 장엄한 세계에서처럼, 이와 같이 일체 법계 가운데 말할 수 없이 말할 수 없는 갖가지 장엄과 갖가지 경계와 갖가지 형상과 갖가지로 나타내 보임과 갖가지 겁의 수효인 청정한 세계에서도 한 생각에서처럼 이와 같이 한량없고 가없는 아승지 겁의 일체 생각 중에도 한 생각에 일

념중　　일념일체현　　　일념무량주　　　　이미
念中에　一念一切現하며　一念無量住하사대　而未

증용소방편력
曾用少方便力이니라

시위제불　　제십자재법
是爲諸佛의　第十自在法이니라

불자　　　제불세존　　　유십종무량부사의원만
佛子야　諸佛世尊이　有十種無量不思議圓滿

불법　　　　하등　　위십
佛法하시니　何等이　爲十고

소위일체제불　　일일정상　　개구백복　　　일
所謂一切諸佛이　一一淨相에　皆具百福하며　一

체를 나타내고 한 생각에 한량없이 머무르지
만 일찍이 조그만 방편의 힘도 쓴 적이 없으
시다.

이것이 모든 부처님의 열째 자재하신 법이다.

불자여, 모든 부처님 세존께는 열 가지 한량
없고 부사의하고 원만한 부처님의 법이 있으
니, 무엇이 열인가?

이른바 일체 모든 부처님께서 낱낱의 깨끗한
상호에 모두 백 가지 복을 갖추셨으며, 일체
모든 부처님께서 일체 부처님 법을 모두 다 성

체 제 불　　개 실 성 취 일 체 불 법　　　일 체 제 불
切諸佛이　皆悉成就一切佛法하며　一切諸佛이

개 실 성 취 일 체 선 근　　　일 체 제 불　　개 실 성 취
皆悉成就一切善根하며　一切諸佛이　皆悉成就

일 체 공 덕
一切功德하나라

일 체 제 불　　개 능 교 화 일 체 중 생　　　일 체 제
一切諸佛이　皆能教化一切衆生하며　一切諸

불　　개 실 능 위 중 생 작 주　　　일 체 제 불　　개 실
佛이　皆悉能爲衆生作主하며　一切諸佛이　皆悉

성 취 청 정 불 찰　　　일 체 제 불　　개 실 성 취 일 체
成就清淨佛刹하며　一切諸佛이　皆悉成就一切

지 지
智智하나라

일 체 제 불　　개 실 성 취 색 신 상 호　　　견 자 획
一切諸佛이　皆悉成就色身相好하사　見者獲

취하셨으며, 일체 모든 부처님께서 일체 선근을 모두 다 성취하셨으며, 일체 모든 부처님께서 일체 공덕을 모두 다 성취하셨다.

일체 모든 부처님께서 일체 중생을 모두 능히 교화하셨으며, 일체 모든 부처님께서 모두 다 능히 중생들을 위하여 주인이 되셨으며, 일체 모든 부처님께서 청정한 부처님 세계를 모두 다 성취하셨으며, 일체 모든 부처님께서 일체지의 지혜를 모두 다 성취하셨다.

일체 모든 부처님께서 색신의 상호를 모두 다 성취하시어 보는 자들이 이익을 얻어 공이 헛되지 아니하고, 일체 모든 부처님께서

익
益하야
공부당연
功不唐捐하며
일체제불
一切諸佛이
개구제불평
皆具諸佛平

등정법
等正法하며
일체제불
一切諸佛이
작불사이
作佛事已에
막불시현
莫不示現

입어열반
入於涅槃이니라

시위십
是爲十이니라

불자
佛子야
제불세존
諸佛世尊이
유십종선교방편
有十種善巧方便하시니
하
何

등
等이
위십
爲十고

일체제불
一切諸佛이
요지제법
了知諸法이
개이희론
皆離戲論하사대
이능
而能

모든 부처님의 평등한 바른 법을 다 갖추셨으며, 일체 모든 부처님께서 불사를 짓고 나서는 열반에 듦을 나타내 보이지 않음이 없으시다.

이것이 열이다.

불자여, 모든 부처님 세존께는 열 가지 선교방편이 있으니, 무엇이 열인가?

일체 모든 부처님께서 모든 법이 희론을 다 여의었음을 밝게 알지만 모든 부처님의 선근을 능히 열어 보이신다.

이것이 첫째 선교방편이다.

개시제불선근
開示諸佛善根하니라

시위제일선교방편
是爲第一善巧方便이요

일체제불　　지일체법　　실무소견　　각불상
一切諸佛이　**知一切法**이　**悉無所見**하야　**各不相**

지　　　무박무해　　　무수무집　　　무성취자
知하야　**無縛無解**하며　**無受無集**하며　**無成就自**

재　　　구경도어피안
在하야　**究竟到於彼岸**이니라

연어제법　　진실이지　　불이불별　　이득
然於諸法에　**眞實而知**하사　**不異不別**하야　**而得**

자재　　　무아무수　　불괴실제　　이득지어
自在하며　**無我無受**하야　**不壞實際**하며　**已得至於**

대자재지　　상능관찰일체법계
大自在地하야　**常能觀察一切法界**하니라

일체 모든 부처님께서 일체 법이 다 보는 바가 없어 각각 서로 알지도 못하며, 얽힘도 없고 풀림도 없으며, 받음도 없고 모임도 없으며, 성취하고 자재함이 없어서 구경에 피안에 이를 것을 아신다.

그러나 모든 법에 진실하게 알아 다르지도 않고 차별하지도 않아서 자재함을 얻었으며, '나'도 없고 받음도 없어 실제를 무너뜨리지도 않으며, 이미 대자재의 지위에 이르름을 얻어 항상 일체 법계를 능히 관찰하신다.

이것이 둘째 선교방편이다.

일체 모든 부처님께서 모든 형상을 길이 여

시위제이선교방편
是爲第二善巧方便이요

일체제불　　영리제상　　심무소주　　　이능
一切諸佛이 **永離諸相**하사 **心無所住**하사대 **而能**

실지　　　불란불착　　수지일체상　　개무자
悉知하야 **不亂不錯**하며 **雖知一切相**이 **皆無自**

성　　　이여기체성　　실능선입　　　이역시현
性이나 **而如其體性**하야 **悉能善入**하며 **而亦示現**

무량색신　　급이일체청정불토　　종종장엄
無量色身과 **及以一切清淨佛土**의 **種種莊嚴**

무진지상　　집지혜등　　멸중생혹
無盡之相하사 **集智慧燈**하야 **滅衆生惑**이니라

시위제삼선교방편
是爲第三善巧方便이요

일체제불　　주어법계　　부주과거미래현
一切諸佛이 **住於法界**하사 **不住過去未來現**

의어 마음이 머무르는 바가 없으나 능히 다 알아서 어지럽지도 않고 그릇되지도 않으며, 비록 일체 형상이 다 자성이 없음을 알지만 그 자체의 성품과 같이 다 능히 잘 들어가며, 그러나 또한 한량없는 색신과 그리고 일체 청정한 불국토의 갖가지로 장엄한 다함없는 모양을 나타내 보이며 지혜의 등불을 모아서 중생들의 미혹을 없애신다.

이것이 셋째 선교방편이다.

일체 모든 부처님께서 법계에 머무르고 과거와 미래와 현재에 머무르지 않으니, 진여와 같은 성품에는 과거와 미래와 현재 삼세의 모양

재
在하시니 如如性中에 無去來今三世相故로대 而

능연설거래금세무량제불 출현세간 영
能演說去來今世無量諸佛이 出現世間하사 令

기문자 보견일체제불경계
其聞者로 普見一切諸佛境界하니라

시위제사선교방편
是爲第四善巧方便이요

일체제불 신어의업 무소조작 무래무
一切諸佛이 身語意業이 無所造作하사 無來無

거 역무유주 이제수법 도어일체제
去하며 亦無有住하야 離諸數法하야 到於一切諸

법피안 이위중법장 구무량지 요달
法彼岸이나 而爲衆法藏하야 具無量智하며 了達

종종세출세법 지혜무애 시현무량자
種種世出世法하야 智慧無礙하며 示現無量自

이 없는 까닭이다. 그러나 과거와 미래와 현재 세의 한량없는 모든 부처님께서 세간에 출현함을 능히 연설하여 그것을 듣는 자로 하여금 일체 모든 부처님의 경계를 널리 보게 하신다.

이것이 넷째 선교방편이다.

일체 모든 부처님께서 몸과 말과 뜻의 업이 조작하는 바가 없어서 옴도 없고 감도 없고, 또한 머무름도 없고, 모든 수효의 법을 떠나서 일체 모든 법의 피안에 이르지만, 온갖 법의 창고가 되고 한량없는 지혜를 갖추며, 갖가지 세간과 출세간의 법을 밝게 통달하여 지혜가 걸림이 없으며, 한량없이 자재한 위신력을 나

재신력　　조복일체법계중생
在神力하야 調伏一切法界衆生이니라

시위제오선교방편
是爲第五善巧方便이요

일체제불　　지일체법불가견　　비일비이
一切諸佛이 知一切法不可見하야 非一非異며

비량비무량　　비래비거　개무자성　　역
非量非無量이며 非來非去라 皆無自性호대 亦

불위어세간제법　　일체지자　무자성중
不違於世間諸法하사 一切智者가 無自性中에

견일체법　　어법자재　　광설제법　　이
見一切法하사 於法自在하야 廣說諸法하사대 而

상안주진여실성
常安住眞如實性이니라

시위제육선교방편
是爲第六善巧方便이요

타내 보여 일체 법계의 중생을 조복하신다.

이것이 다섯째 선교방편이다.

일체 모든 부처님께서 일체 법은 볼 수도 없고, 하나도 아니고 다르지도 않으며, 한량있는 것도 아니고 한량없는 것도 아니며, 오는 것도 아니고 가는 것도 아니라, 모두 자성이 없음을 알되 또한 세간의 모든 법을 어기지도 아니한다. 일체지 있는 자가 자기의 성품이 없는 가운데 일체 법을 보고 법에 자재하여 모든 법을 널리 설하되 항상 진여의 참 성품에 편안히 머무르신다.

이것이 여섯째 선교방편이다.

일체제불　어일시중　지일체시　　구정선
一切諸佛이 於一時中에 知一切時하사 具淨善

근　　입어정위　　이무소착　　어기일월
根하야 入於正位하사대 而無所著하사 於其日月

년겁성괴여시등시　부주불사
年劫成壞如是等時에 不住不捨하니라

이능시현약주약야　초중후시　일일칠일
而能示現若晝若夜의 初中後時와 一日七日과

반월일월　일년백년　일겁다겁　불가사겁
半月一月과 一年百年과 一劫多劫과 不可思劫과

불가설겁　내지진어미래제겁　　항위중생
不可說劫과 乃至盡於未來際劫하사 恒爲衆生하야

전묘법륜　　부단불퇴　무유휴식
轉妙法輪하사대 不斷不退하야 無有休息하니라

시위제칠선교방편
是爲第七善巧方便이요

일체 모든 부처님께서 한 시간에 일체 시간을 알고 청정한 선근을 갖추어 바른 지위에 들어가되 집착하는 바가 없어서, 그 날과 달과 해와 겁이 이루어지고 무너지는 이와 같은 등의 시간에 머무르지도 않고 버리지도 않는다.

능히 낮과 밤의 처음과 중간과 나중의 때와, 하루와 이레와 반달과 한 달과 일 년과 백 년과 한 겁과 여러 겁과 생각할 수 없는 겁과 말할 수 없는 겁과 내지 미래제의 겁이 다하도록 항상 중생들을 위하여 미묘한 법륜을 굴림을 나타내 보이되, 끊이지도 않고 물러나지도 않아서 휴식함이 없으시다.

일체 제불 항주법계 성취제불 무량
一切諸佛이 **恒住法界**하사대 **成就諸佛**의 **無量**

무외 급불가수변 불가량변 무진변 무
無畏와 **及不可數辯**과 **不可量辯**과 **無盡辯**과 **無**

단변 무변변 불공변 무궁변 진실변
斷辯과 **無邊辯**과 **不共辯**과 **無窮辯**과 **眞實辯**과

방편개시일체구변 일체법변 수기근
方便開示一切句辯과 **一切法辯**하사 **隨其根**

성 급이욕해 이종종법문 설불가설
性과 **及以欲解**하야 **以種種法門**으로 **說不可說**

불가설백천억나유타수다라 초중후선
不可說百千億那由他修多羅하사 **初中後善**에

개 실 구 경
皆悉究竟이니라

시 위 제 팔 선 교 방 편
是爲第八善巧方便이요

이것이 일곱째 선교방편이다.

일체 모든 부처님께서 항상 법계에 머무르지만, 모든 부처님의 한량없고 두려움 없음과 그리고 셀 수 없는 변재와, 헤아릴 수 없는 변재와, 다함이 없는 변재와, 끊어짐이 없는 변재와, 가없는 변재와, 함께하지 않는 변재와, 끝이 없는 변재와, 진실한 변재와, 일체 구절을 방편으로 열어 보이는 변재와, 일체 법의 변재를 성취하여, 그 근성과 그리고 욕망과 이해를 따라 갖가지 법문으로써 말할 수 없이 말할 수 없는 백천억 나유타 경전을 설하되, 처음과 중간과 끝이 좋음에 모두 다 끝까지 이르신다.

일체제불　주정법계　지일체법　본무명
一切諸佛이 住淨法界하사 知一切法이 本無名

자
字하니라

무과거명　무현재명　무미래명　무중
無過去名하며 無現在名하며 無未來名하며 無衆

생명　무비중생명　무국토명　무비국
生名하며 無非衆生名하며 無國土名하며 無非國

토명　무법명　무비법명　무공덕명
土名하며 無法名하며 無非法名하며 無功德名하며

무비공덕명
無非功德名하니라

무보살명　무불명　무수명　무비수
無菩薩名하며 無佛名하며 無數名하며 無非數

명　무생명　무멸명　무유명　무무
名하며 無生名하며 無滅名하며 無有名하며 無無

이것이 여덟째 선교방편이다.

일체 모든 부처님께서 청정한 법계에 머물러서 일체 법이 본래 이름이 없음을 아신다.

과거의 이름도 없고 현재의 이름도 없고 미래의 이름도 없으며, 중생의 이름도 없고 중생 아닌 이름도 없으며, 국토의 이름도 없고 국토 아닌 이름도 없으며, 법의 이름도 없고 법 아닌 이름도 없으며, 공덕의 이름도 없고 공덕 아닌 이름도 없다.

보살의 이름도 없고 부처님의 이름도 없으며, 수효의 이름도 없고 수효 아닌 이름도 없으며, 생겨나는 이름도 없고 사라지는 이름도 없으

명　　무일명　　무종종명　　　하이고　제
名하며 無一名하며 無種種名하나니라 何以故오 諸

법체성　불가설고
法體性이 不可說故라

일체제법　　무방무처　　　불가집설　　　불가
一切諸法이 無方無處하야 不可集說이며 不可

산설　　　불가일설　　　불가다설　　　음성막
散說이며 不可一說이며 不可多說이라 音聲莫

체　　언어실단
逮하야 言語悉斷이니라

수수세속　　　종종언설　　　무소반연　　　무소
雖隨世俗하야 種種言說이나 無所攀緣하며 無所

조작　　　원리일체허망상착　　　여시구경
造作하야 遠離一切虛妄想著이니 如是究竟하야

도어피안
到於彼岸이니라

며, 있는 이름도 없고 없는 이름도 없으며, 한 가지 이름도 없고 갖가지 이름도 없다. 왜냐하면 모든 법의 체성은 말할 수 없는 까닭이다.

일체 모든 법이 방위도 없고 처소도 없으며, 모아서 말할 수도 없고 흩어서 말할 수도 없으며, 하나로 말할 수도 없고 여럿으로 말할 수도 없으며, 음성으로 미칠 수 없어 말이 다 끊어졌다.

비록 세속을 따라서 갖가지 말로 설하더라도 반연하는 바가 없고 조작하는 바도 없으며, 일체 허망한 생각과 집착을 멀리 여의니 이와 같이 구경에 피안에 이른다.

이것이 아홉째 선교방편이다.

시위제구선교방편
是爲第九善巧方便이요

일체제불 지일체법 본성적정
一切諸佛이 **知一切法**이 **本性寂靜**하나라

무생고 비색 무희론고 비수 무명수
無生故로 **非色**이며 **無戲論故**로 **非受**며 **無名數**

고 비상 무조작고 비행 무집취고
故로 **非想**이며 **無造作故**로 **非行**이며 **無執取故**로

비식 무입처고 비처 무소득고 비
非識이니라 **無入處故**로 **非處**며 **無所得故**로 **非**

계
界니라

연역불괴일체제법 본성무기 여허공
然亦不壞一切諸法하나니 **本性無起**하야 **如虛空**

고 일체제법 개실공적 무업과 무
故라 **一切諸法**이 **皆悉空寂**하야 **無業果**하며 **無**

일체 모든 부처님께서 일체 법의 본래 성품이 적정함을 아신다.

남이 없는 까닭으로 물질이 아니고, 희론이 없는 까닭으로 느낌이 아니고, 이름과 수효가 없는 까닭으로 생각이 아니고, 조작이 없는 까닭으로 행이 아니고, 집착이 없는 까닭으로 식이 아니다. 들어갈 곳이 없는 까닭으로 처소가 아니고, 얻을 것이 없는 까닭으로 계가 아니다.

그러나 또한 일체 모든 법을 무너뜨리지도 않으니, 본래 성품이 일어남이 없어 허공과 같은 까닭이다. 일체 모든 법이 모두 다 공적하여, 업과 과보도 없고 닦아 익힐 것도 없으며,

수습　　무성취　　무출생
修習하며 **無成就**하며 **無出生**하니라

비수비불수　　비유비무　　비생비멸　　비구
非數非不數며 **非有非無**며 **非生非滅**이며 **非垢**

비정
非淨이니라

비입비출　　비주비부주　　비조복비부조
非入非出이며 **非住非不住**며 **非調伏非不調**

복　　비중생비무중생　　비수명비무수명
伏이며 **非衆生非無衆生**이며 **非壽命非無壽命**이며

비인연비무인연
非因緣非無因緣이니라

이능요지정정사정　　급부정취일체중생
而能了知正定邪定과 **及不定聚一切衆生**하사

위설묘법　　영도피안　　성취십력사무소
爲說妙法하야 **令到彼岸**하사 **成就十力四無所**

성취함도 없고 출생함도 없다.

수효도 아니고 수효 아님도 아니며, 있음도 아니고 없음도 아니며, 생겨남도 아니고 사라짐도 아니며, 더러움도 아니고 깨끗함도 아니다.

들어감도 아니고 나옴도 아니며, 머무름도 아니고 머무르지 않음도 아니며, 조복함도 아니고 조복하지 않음도 아니며, 중생도 아니고 중생 없음도 아니며, 수명도 아니고 수명 없음도 아니며, 인연도 아니고 인연 없음도 아니다.

그러나 바르게 결정함과 잘못 결정함과 그리고 결정하지 못한 무리의 일체 중생을 분명히 알아서 미묘한 법을 설하여 피안에 이르게 하

외　　능사자후　　구일체지　　주불경계
畏하야 能師子吼하며 具一切智하야 住佛境界니라

시위제십선교방편
是爲第十善巧方便이니라

불자　시위제불　성취십종선교방편
佛子야 是爲諸佛의 成就十種善巧方便이니라

〈大方廣佛華嚴經 卷第四十六〉

며, 십력과 사무소외를 성취하여 능히 사자후

하며, 일체지를 갖추어 부처님 경계에 머무르게

하신다.

  이것이 열째 선교방편이다.

  불자여, 이것이 모든 부처님의 열 가지 선교

방편을 성취함이다.”

〈대방광불화엄경 제46권〉

大方廣佛華嚴經

부록

●

대방광불화엄경 목차

●

간행사

대방광불화엄경
목차

〈제1회〉

제1권 　제1품 　세주묘엄품 [1]

제2권 　제1품 　세주묘엄품 [2]

제3권 　제1품 　세주묘엄품 [3]

제4권 　제1품 　세주묘엄품 [4]

제5권 　제1품 　세주묘엄품 [5]

제6권 　제2품 　여래현상품

제7권 　제3품 　보현삼매품

　　　 　제4품 　세계성취품

제8권 　제5품 　화장세계품 [1]

제9권 　제5품 　화장세계품 [2]

제10권 　제5품 　화장세계품 [3]

제11권 　제6품 　비로자나품

〈제2회〉

제12권 　제7품 　여래명호품

　　　 　제8품 　사성제품

제13권 　제9품 　광명각품

　　　 　제10품 　보살문명품

제14권 　제11품 　정행품

　　　 　제12품 　현수품 [1]

제15권 　제12품 　현수품 [2]

〈제3회〉

제16권 　제13품 　승수미산정품

　　　 　제14품 　수미정상게찬품

　　　 　제15품 　십주품

제17권 　제16품 　범행품

　　　 　제17품 　초발심공덕품

제18권 　제18품 　명법품

〈제4회〉

제19권 제19품 승야마천궁품

　　　 제20품 야마궁중게찬품

　　　 제21품 십행품 [1]

제20권 제21품 십행품 [2]

제21권 제22품 십무진장품

〈제5회〉

제22권 제23품 승도솔천궁품

제23권 제24품 도솔궁중게찬품

　　　 제25품 십회향품 [1]

제24권 제25품 십회향품 [2]

제25권 제25품 십회향품 [3]

제26권 제25품 십회향품 [4]

제27권 제25품 십회향품 [5]

제28권 제25품 십회향품 [6]

제29권 제25품 십회향품 [7]

제30권 제25품 십회향품 [8]

제31권 제25품 십회향품 [9]

제32권 제25품 십회향품 [10]

제33권 제25품 십회향품 [11]

〈제6회〉

제34권 제26품 십지품 [1]

제35권 제26품 십지품 [2]

제36권 제26품 십지품 [3]

제37권 제26품 십지품 [4]

제38권 제26품 십지품 [5]

제39권 제26품 십지품 [6]

〈제7회〉

제40권 제27품 십정품 [1]

제41권 제27품 십정품 [2]

제42권 제27품 십정품 [3]

제43권 제27품 십정품 [4]

제44권 제28품 십통품

　　　 제29품 십인품

제45권 제30품 아승지품

　　　 제31품 수량품

　　　 제32품 제보살주처품

제46권 제33품 불부사의법품 [1]

제47권 제33품 불부사의법품 [2]

제48권 제34품 여래십신상해품

제35품 여래수호광명공덕품

제49권 제36품 보현행품

제50권 제37품 여래출현품 [1]

제51권 제37품 여래출현품 [2]

제52권 제37품 여래출현품 [3]

〈제8회〉

제53권 제38품 이세간품 [1]

제54권 제38품 이세간품 [2]

제55권 제38품 이세간품 [3]

제56권 제38품 이세간품 [4]

제57권 제38품 이세간품 [5]

제58권 제38품 이세간품 [6]

제59권 제38품 이세간품 [7]

〈제9회〉

제60권 제39품 입법계품 [1]

제61권 제39품 입법계품 [2]

제62권 제39품 입법계품 [3]

제63권 제39품 입법계품 [4]

제64권 제39품 입법계품 [5]

제65권 제39품 입법계품 [6]

제66권 제39품 입법계품 [7]

제67권 제39품 입법계품 [8]

제68권 제39품 입법계품 [9]

제69권 제39품 입법계품 [10]

제70권 제39품 입법계품 [11]

제71권 제39품 입법계품 [12]

제72권 제39품 입법계품 [13]

제73권 제39품 입법계품 [14]

제74권 제39품 입법계품 [15]

제75권 제39품 입법계품 [16]

제76권 제39품 입법계품 [17]

제77권 제39품 입법계품 [18]

제78권 제39품 입법계품 [19]

제79권 제39품 입법계품 [20]

제80권 제39품 입법계품 [21]

간 행 사

　귀의삼보 하옵고,

『대방광불화엄경』의 수지 독송과 유통을 발원하면서 수미정사 불전연구원에서 『독송본 한문·한글역 대방광불화엄경』과 『사경본 한글역 대방광불화엄경』을 편찬하여 간행하게 되었습니다.

『화엄경』은 우리나라에 전래된 이래 일찍부터 사경되고 주석·강설되어 왔으며 근현대에 이르러서는 『화엄경』의 한글 번역과 연구도 부쩍 많이 이루어졌습니다. 그만큼 『화엄경』이 우리 불자님들의 신행과 해탈에 큰 의지처가 되었던 것임을 알 수 있습니다.

『화엄경』을 독송하고 사경하는 공덕은 설법 공덕과 함께 크게 강조되어 왔습니다. 그리하여 수미정사 불전연구원에서도 『화엄경』(80권)을 독송하고 사경하는 데 도움이 되도록 한문 원문과 한글역을 함께 수록한 독송본과 한글역의 사경본 『화엄경』 간행불사를 발원하였습니다. 이 『화엄경』 간행불사에 뜻을 같이하여 적극 후원해주신 스님들과 재가 불자님들께 깊이 감사드립니다. 또한 『화엄경』을 수지 독송할 수 있도록 경책의 모습으로 장엄해 주신 편집위원들과 담앤북스 출판사 관계자들께도 고마움을 표합니다.

　끝으로 이 불사의 원만 회향으로 『화엄경』이 널리 유통되고, 온 법계에 부처님의 가피가 충만하시길 기원드립니다.

　나무 대방광불화엄경

불기 2564년 '부처님오신날'을 봉축하며
수미해주 합장

위태천신(동진보살)

수미해주 須彌海住

호거산 운문사에서 성관 스님을 은사로 출가, 석암 대화상을 계사로 사미니계 수계, 월하 전계사를
계사로 비구니계 수계, 계룡산 동학사 전문강원 졸업, 동국대학교 불교대학 및 동 대학원 졸업, 철
학박사, 가산지관 대종사에게서 전강, 동국대학교 불교대학 교수, 동학승가대학 학장 및 화엄학림
학림장, 중앙승가대학교 법인이사 역임.
(현) 수미정사 주지, 동국대학교 명예교수.
저·역서로『의상화엄사상사연구』,『화엄의 세계』,『정선 원효』,『정선 화엄1』,『정선 지눌』,『법계도기
총수록』,『해주스님의 법성게 강설』등 다수.

독송본 한문·한글역
대방광불화엄경 제46권

| **초판 1쇄 발행**_ 2024년 7월 24일

| **엮은이**_ 수미해주
| **엮은곳**_ 수미정사 불전연구원
| **편집위원**_ 해주 수정 경진 선초 정천 석도 박보람 최원섭
| **편집보**_ 무이 무진 지욱 혜명

| **펴낸이**_ 오세룡
| **펴낸곳**_ 담앤북스
　　　　　서울특별시 종로구 새문안로3길 23 경희궁의 아침 4단지 805호
　　　　　대표전화 02)765-1251　전자우편 dhamenbooks@naver.com
　　　　　출판등록 제300-2011-115호
| **ISBN**_ 979-11-6201-830-9　04220

정가 15,000원
ⓒ 수미해주 2024